凤凰师轩
FENGHUANG SHIXUAN

行知工程
Education
创新教学探索系列

打造有生命力的课堂

“两步八环节”教学模式探索与实践

DAZAO YOU SHENGMINGLI DE KETANG
LIANGBU BAHUANJIE JIAOXUE MOSHI TANSUO YU SHIJIAN

主　编　查联智
副主编　查兴贵

江蘇鳳凰教育出版社
Phoenix Education Publishing, Ltd

图书在版编目（CIP）数据

打造有生命力的课堂：“两步八环节”教学模式探索与实践/查联智主编. —南京：江苏凤凰教育出版社，2015.7

ISBN 978-7-5499-5063-8

Ⅰ.①打… Ⅱ.①查… Ⅲ.①课堂教学—教学研究—中小学 Ⅳ.①G632.421

中国版本图书馆 CIP 数据核字（2015）第 117073 号

书　　名 打造有生命力的课堂——“两步八环节”教学模式探索与实践
作　　者 查联智
责任编辑 刘丹丹　雷利军
出版发行 凤凰出版传媒股份有限公司
江苏凤凰教育出版社（南京市湖南路 1 号 A 楼　邮编 210009）
苏教网址 http://www.1088.com.cn
照　　排 润星之源文化有限公司
印　　刷 三河市华润印刷有限公司
厂　　址 河北省三河市杨庄镇杨庄村
开　　本 787 毫米×1092 毫米　1/16
印　　张 13.25
字　　数 197 千字
版　　次 2015 年 7 月第 1 版　2015 年 7 月第 1 次印刷
书　　号 ISBN 978-7-5499-5063-8
定　　价 30.00 元
网店地址 http://jsfhjycbs.tmall.com
邮购电话 025-85406265,85400774　短信　02585420909
E - mail jsep@vip.163.com
盗版举报 025-83658579

序言一

在担任云南省千校工程首席专家和昭通市学校内涵发展项目领衔专家期间，我不只一次到过水田镇中心学校。在我的记忆中，威信县水田镇中心学校不是一般意义上的办学实体，她是一面大山深处的课改红旗。

习惯于平原思维的我，很难接受八十公里路车行三小时的山地现实。秘书告诉我，去昭通威信坐飞机到四川泸州最合适，降落后只有八十公里路程了，谁知车行三小时方到威信县，第二天自县城到水田镇车行还要一小时，可见水田镇地理位置之偏。

心近何惧路远。威信县水田镇中心学校的课堂改革离北京近，离世界课改的前沿近，离人民群众渴望享受优质的义务教育的期盼近。

当人类进入移动互联网时代，当诺大的地球已经宛若地球村的今天，二十一世纪人类最好的课堂是东方最好的和西方最好的组合在一起的课堂。尊重差异、控制合适、释放潜能、学会合作是这样课堂的价值取向。威信县水田镇中心学校展示的教育价值观就是这样的教育价值观。

我曾经在水田镇龙洞小学五年级的黑板上留下了这样的感言：“你们是一群敢于参与、乐于表达、活力四射的阳光少年，你们是祖国的骄傲。”这番话说的是我听课的真实感受。水田镇中心学校课堂改革的价值取向是建设合作课堂。我问学生：“你们这两年是分组学习的，以前是老师讲学生听的，哪种方法好?”学生异口同声回答：“当然现在的方法好。”我追问：“给老师一个理由?”一个女生说：“我原以为自己是镇上最聪明的，合作学习以后学生展示机会多了，我发现比我聪明的同学很多，我正确认识自己了。”一个男生说：“一个人做不出的题目不等于一组人都做不出，我体会到众人拾柴火焰高了。”……应该指出，学会合作，享受合作在新加坡被立为兴国之本，而在中国教育界至今仍在教学之术的层面上仁者见仁、智者见智。幸运的是威信县水田镇中心学校的学子们已经享受合作了。

一百多年前，一位伟人说过："最先朝气蓬勃地投入新生活的人们，他们的命运是令人羡慕的。"威信县水田镇中心学校的学生开始享受课堂，威信县水田镇中心学校的老师们也必将享受讲台。

最好是一时的现象，更好是永恒的追求。希望威信县水田镇中心学校百尺竿头再进一步，建设中国好课堂，为大国教育奠基。

冯恩洪

2015年5月

（冯恩洪，中国发展研究院副院长、中国教育学会《中国好课堂》组委会副主任。）

序言二

威信县水田镇中心学校校长查联智到我办公室，谈到水田镇中心学校近几年的课改经验汇编成的《打造有生命力的课堂——“两步八环节”教学模式探索与实践》即将出版，并请我为之作序，欣喜之余，我欣然应允。

漫读此成果集，让人感动、让人惊喜、让人叹服，犹如欣赏一场轰轰烈烈而精彩纷呈的课改影片。《打造有生命力的课堂——“两步八环节”教学模式探索与实践》课改成果集，凝聚着水田镇中心学校教师们几年来的艰辛与汗水。该成果集收入的内容有环环相扣、言简意赅、便于操作的教学模式；有生动典型、妙趣横生、引人深思的教学案例；有深入浅出、见解独到、剖析清晰的教学反思；有简洁明了、以学为主、以生为本的学案设计；有个性张扬、精彩纷呈、乐思乐学的课堂实录；还有平凡真实、情感真挚、生动感人的教育故事。这些无不深深地体现出水田镇中心学校教师们敢于探索、勤于思考、善于总结以及孜孜不倦地对教育事业的执着和追求。

众所周知，育人是一个潜移默化的过程，教育是一项不断发展的事业，只有坚持不懈，教育才能长足发展。水田镇中心学校作为农村学校，在师资等条件有限的情况下，要搞课改谈何容易。但是为了乡村孩子的未来，一位有担当的校长带着一群有着强烈责任感的教师，在乡村学校吹响了课改的号角。1000 多个日日夜夜，教师们从勉强实践到模式初成，从强势推进到自觉接受，从一头雾水到思路清晰，从持怀疑态度到意志坚定，他们付出了百倍的辛勤和汗水。今天，他们探索实施的“两步八环节”教学模式，创设了充分展示、精彩灵动的高效课堂，受到冯恩洪等多位全国知名教育专家的肯定和好评，把水田镇中心学校称为“大山深处的课改红旗”。

我想，这样的成绩，这样富有生命力的课堂，应是源于校长的担当和教师的付出。我认为，要成为一位有为的校长和一名称职的教师，应该要拥有三颗心，即一颗智慧之心、一颗勇敢之心、一颗坚持不懈之心。智慧者，就像水田镇中心学校一样，有独特的办学思路和教学方法，能找准培养学生的着力点，勤于思考，找准“新课改”的突破口，办适合学生发展的特色教育。勇敢者，就是要像水田镇中心学校一样，有敢于挑战、破旧立新、坚守理想、百折不挠的勇气与胆识。坚持不懈者，就是像水田镇中心学校一样，向着目标、披荆斩棘、永不言弃。只有改革，方能得以进步；只有涅槃，方能得以新生。

几年风雨，终见彩虹。水田镇中心学校的课改之路充满着艰辛，遭遇过坎坷，但是水田教育人不退缩、有恒心，阔步向前、义无反顾。凤凰涅槃，其改革精神必将振奋并带动广大农村教育的守护者；登高望远，其课改经验必将指引并激励广大课程改革的探索者！

威信县教育局局长　杨洪飞

2015 年 5 月

目　　录

第一篇　山区村小新模式，“先学后教”新课堂

第二篇　摸着石头过河，在调查探究中发展

第三篇 教学模式不固定，高效课堂是目标

第四篇 探索过程引反思，解决问题是关键

第一篇

山区村小新模式，“先学后教”新课堂

“两步八环节”教学模式是怎样炼成的

威信县水田镇中心学校　查联智

2013年3月11日，乍暖还寒。全国教育专家委员会会长冯恩洪教授在大山深处驱车行驶了200公里，来到水田镇龙洞小学观摩五年级语文教学。课堂上，大山里的孩子们在自主学习、自主展示、交流合作、讨论评价，他们善于思考，敢于表达，表现出让人意想不到的学习热情和自信。授课教师时而在讲台上板书要点，时而穿行于学习小组之间，倾听学生发言，点拨疑难问题，态度和蔼可亲，宛如同伴。看到这种情景，冯恩洪教授赞赏不已。课后，冯教授在黑板上写道：“同学们，你们是敢于参与、乐于表达、活力四射的阳光少年，你们是祖国的骄傲。”冯教授还勉励学生：“孩子们，虽然你们生活在大山里，但北京、上海、广州的孩子受到的教育也是如此，希望你们好好学习。”听了冯教授的话，师生的内心受到震撼，更加深刻地体会到几年来课堂教学改革的成果。作为一名亲历这场改革的教育工作者，欣喜之余，我深刻认识到这一成果来之不易。

（一）为什么开展课堂教学改革

作为一名从教30年的教育工作者，一个在校长岗位上工作了16年的大山的儿子，我深知山区的社情和学情。山区的人们世代居住在穷乡僻壤，耕耘在贫瘠的土地上，生活贫困，自然条件恶劣，一半青壮年选择外出打工。但是，村民对孩子接受良好教育的渴望丝毫不亚于发达地区的家长，村民希望孩子通过读书改变命运，走出大山。但长期以来，由于信息闭塞、设施落后、师资薄弱、观念陈旧，山区农村小学的教育基本靠生硬灌输、延长时间、死记硬背来维持局面。课堂上，教师苦口婆心，甚至嗓音嘶哑，学生依然无精打采、睡眼蒙眬。教师的控制式、替代式教学方法使山区的孩子学得很苦、很累，学生自主学习、乐于表达成了一种无法企及的奢望。有一句话说得好，“文凭不等于水平，知识不等于能力”。虽然我们办学条件落后，但办学思想不能落后，学生的成长不能落后。要发展就必须改革，要改革就要有勇气和魄力。教育是事业，值得融入生命；教育是科学，必须求真；教育是艺术，必须创新。让山区农村小学的孩子也像教育发达地区的孩子一样自主学习、敢于参与、勇于质疑、能争善辩、善于合作、乐于表达，成为水田镇中心学校课堂教学改革追求的目标。通过改革大力倡导新型教育理念，结合山区教育的实际情况，构建一种适合山区教育的新型课堂学习模式，实现课堂高效教学，是我们梦寐以求的教育梦想。

（二）什么是“两步八环节”教学模式

所谓“两步”是指探究学习、预习引领。所谓“八环节”是指探究学习包括目标再现、学情展示、合作探究、课堂检测、课堂小结五个环节，预习引领包括预习目标、指导尝试、课后延伸三个环节。

要实现课堂教学改革目标，没有学生的充分预习是不行的。山区农村小学中留守儿童多，家长的文化素质普遍偏低，孩子在家时通常没有人能指导其预习。但是，预习是一个不可或缺的环节，学生只有提前学，有一定的基础，在课堂上才能有话可说、有据可论。要使学生在课堂上的活动有意义，真正成为课堂的主人，一定要加强预习。

我校实施的预习实际上是学生在教师指导下的自学，教师帮助学生明确目标和任务，引领学生掌握学习方法；学生做预习笔记，并在规定的课堂时间内完成。预习环节是学生通过自学或组内合作完成学习任务的过程，学生通过挖掘文本、体验思想内涵形成自己的认识。我们所说的“预习引领”，主要是指教师在指导学生预习的过程中提取有效信息，形成教学目标和教学重难点问题。只有设计思维含量高的问题，让学生围绕问题自主探究、自我发现，才能极大地激发学生的学习兴趣，使学生主动灵活地掌握知识、锻炼能力。要确保学生进行探究式学习，就必须变革旧的课堂教学结构，调整好教与学的关系。经过反复听课、评课、思考，我下定决心，打破传统的课堂教学模式，将课堂教学的前30分钟作为探究学习时段，后10分钟作为对下节课学习内容的预习引领。

八个教学环节基本上概括了实施两步教学模式的流程，是动态的、可选择的、服务于教学目标和内容的过程和形式，教师可根据教学目标灵活设计教学流程。

（三）怎样对教师和学生进行引领

我校自2010年春季开始逐步推行“两步八环节”教学模式，首先由校级学科带头人、骨干教师在实验班进行课堂教学模式改革实践，然后在镇中心完小、一所村级完全小学、一所村完小以下学校进行试点，逐步在全镇小学推行。我们主要做了以下几方面工作。

1. 推动教师教学方式转变

通过理论学习、课堂观摩、外出参观学习等方式，引领教师从“先教后学”的灌输式、控制式、注入式、替代式教学，转变为“先学后教”的启发式、引领式、探究式、讨论式教学，克服先教后学的教学惯性，养成先学后教的教学习惯。教师必须从教学理念上进行构建，学会理解、学会容纳、学会整合，按照“两步八环节”进行教学，熟练掌握探究学习和预习引领的各个环节，进入“从心所欲，不逾矩”的境界，构建适应新课程理念的课堂教学观，为学生的终身发展打下坚实的基础。

2. 落实小组建设

小组建设是实施“两步八环节”教学模式的基础。学校对班级合作小组建设进行指导，注重学生的学习习惯和能力，如倾听、表达、自学、合作、探究等的培养。分组学习时要做到组内异质、组间同质；科学选定小组长，开始由成绩好、组织管理能力强、乐于为同学服务的学生担任，学生的合作能力、组织能力提高后可以轮流担任组长；做好小组长培训，由小组长组织组内自学、预习、讨论、纠错、检查督促和小组展示。为了让所有学生都能在小组活动中集中精力倾听、观看、思考，我们采用了一些约定俗成的口令规范学生的行为。我们持之以恒地对学生进行评价，开展激励性、鼓动性评价，做到事事有评价、课课有评价、科科有评价、天天有评价、周周有小结、期期有总结，将评价结果作为奖励学生的主要依据。

3. 培训教师的导学案编写能力

过去，教师编写的教案以教师的教为主，主要研究教师怎样教。现在，我们的导学案以学生的学为主，主要研究学生如何学，如何会学。在整个教学过程中，教师只负责策划、组织、点拨、指导学生学习。要实现这一目标，导学案的编写尤为重要。教师编写导学案要准确解读新课标，分解教学内容，领会教学设计理念，熟悉课堂教学结构，这是编好导学案的基础。为了提高编写质量，我们每学期都在全镇组织导学案编写教学研究，对导学案中的优与劣、取与舍进行分析，对导学案的编写和修改提出明确要求，让导学案在实践中编写、在使用中修改，本着“教无止境、备无最佳、编无定式、改无定期”的思路不断完善。

“两步八环节”教学模式实施以来，我们的学校、课堂和师生都发生了明显的变化。课堂上真正落实了学生的主体地位，以学生的自主学习、合作学习为主，学生的参与面广了，学生或读、或议、或写、或做、或讲，个个争先恐后、张扬个性、兴致盎然、乐在其中。课堂活起来了，教师无休止的说教基本没有了，学生在合作交流中理解、吸收，在讨论中对抗、质疑，在倾听中不断完善自我。在教师眼里，学生既是个体又是团队，教学实践在促进个体发展的同时，也培养了学生的互助精神，使班级合作小组成为学生学习的乐园。学生不但在整个学习过程中不断生疑、质疑、析疑、解疑，敢想、敢问、敢讲、敢评、敢讨论，而且面对记者的镜头也能大胆讲述自己的学习心得、学习感言。我们深信，这样的课堂是有生命力的，在这样的课堂上我们还用担心学生的学习能力、生存能力和竞争能力吗?

2013 年以来，我校的课堂教学改革得到了上海方略教育集团的倾情指导，实现了跨越式发展。全国教育专家委员会会长冯恩洪教授到我校观摩，充分认可我校的课堂教学改革成果，并给予了热情洋溢的赞赏；山东教育发展战略研究室主任陈培瑞到我校指导，夸赞我校的“两步八环节”教学模式是尊重生命的教育，高度评价了我校教师的课堂教学；方略教育集团的专家李广春校长、田汝华校长听了我校教师的课后，无比感叹地说：“万万没想到会有这样精彩的课堂。”专家对我校课堂教学模式的充分肯定，给课堂教学改革注入了强大的动力，为教学改革提供了正能量；专家对我校课堂教学的指导，为教学改革指明了方向，让教学改革的目标更加明确。在课堂教学改革的道路上，我校将一往无前，实现更高的跨越，点亮山区农村孩子的教育梦想。

应用“两步八环节”教学模式，实现农村小学“先学后教”

威信县水田镇中心学校　查联智

“先学后教”，顾名思义就是在学生自学的基础上，教师根据学生的自学情况进行点拨，或规范不准确的表达，或解答疑惑的问题，或纠正错误的理解，以培养学生的学习能力。山区农村的学生家长文化素质普遍不高，加上留守儿童多，部分学生还要自己做饭洗衣，家里根本没有自学的条件。教师要求学生预习基本上成了一句空话，先学后教也无从谈起。我认为，“两步八环节”教学模式能解决农村小学教学中的“先学”问题。以下就是我通过“两步八环节”教学模式对农村小学“先学后教”进行的探索。

“两步八环节”教学模式包括探究学习和预习引领两个部分，把一节课的教学时间和教学内容分为两步，不同时间完成不同的内容，将课内与课外联系起来，把学习的空间向外围辐射，针对小学生的学习特点对课堂教学进行改革。

“两步八环节”教学模式变课内教学为课内与课外的学习引领相结合，课堂教学的第一步是教师引领学生探究学习的阶段，大约30分钟。教师不是站在讲台上忙着讲课文或布置学习任务，而是组织学生热热闹闹地进行学习成果展示。学生对预习成果进行延伸与检测，目的是通过合作学习提升学习质量，并使学生体验到成功的快乐。在这一阶段，学生以个人或小组为单位回顾预习情况，在组内或全班进行交流展示。在展示过程中，学生提出问题并讨论，教师充分参与到学生的活动中，对学生知识理解不到位的地方及时给予点拨、启发。通过多种多样的师生互动、生生互动，不断推进学习进程，达成学习目标。

这一阶段的教学分为目标再现、学情展示、合作探究、课堂检测、课堂小结五个环节。这五个环节是课堂教学中具体操作的教学流程，目标再现、学情展示、合作探究是学习新知的三个重要环节，这三个环节根据不同学科和课型的特点可分可合。课堂教学的核心是围绕展示内容进行交流，学生可以开展个人自主探究、小组合作学习、学生交流汇报等活动。

合作探究要注意三点：第一，要知道教什么——教学生不会的内容。第二，要讲清规律和原理。学生在学习中遇到难问题，关键是对知识、原理没有真正理解和掌握。因此，教师要针对学生自学中存在的问题，讲清规律和原理，使个别上升为普遍，在揭示规律中让学生举一反三。这最能体现教师的能力，教师只需要用三言两语就能揭示规律，道破原理。第三，要重学法指导。学生自主学习、合作学习，教师要进行点拨，使学生运用所学知识解决问题，在理论与实践之间架起一座桥梁，感悟知识的创新过程。

课堂检测是课堂教学的重要组成部分，也是确保课堂教学信息及时得到反馈的重要环节，简单说就是所有学生要当堂完成作业，教师当堂点评。课堂练习一定要有代表性，要有利于知识的巩固与创新，在课堂教学中真正培养了学生的能力，学生才能学得主动、学得愉快，真正减轻学生的学习负担，变“苦学”为“乐学”。通过一系列课堂教学活动，让学生在参与中发现、在合作中创新、在交流中吸收、在对抗中质疑、在倾听中完善。

课堂教学的第二步是教师引领学生预习的阶段，大约 10 分钟。在这一阶段教学中，教师带领学生规划下一节课将要学习的内容，并指导学生开展课内、课外自主预习。这 10 分钟是学习的关键点，只有在这有限的时间里，教师才站到讲台上提出预习目标，将预习目标具体化，明确学生下节课要展示的内容。

预习引领包括预习目标、指导尝试、课后延伸三个环节。每节课的起点就是上一节课预习引领的 10 分钟，预习活动一直延伸到课后，延伸到

第二天，与课堂上的30分钟对接，形成一个环状学习链，将教师导学、学生预习和展示连接起来。

“两步八环节”教学模式追求的是自主、合作、探究，教师及时掌握学生的学习状况并做出调整，改变了传统意义上的时间结构、空间分布、课堂角色、教学资源和呈现方式。课堂教学以培养学生的自主学习能力为主，让学生自我学习、整理笔记，培养联想拓展、交流合作、善于表达的能力。这个教学模式符合现代教育的要求，真正把学习的权利交给了学生，使课堂成为学生展示的舞台，教师成为幕后的组织者、策划者。“两步八环节”改变了传统的教学方式，为学生的自主学习提供了广阔的空间，同时也为教师教学带来新的方法。

“两步八环节”教学模式为学生自学提供了明确的目标、充足的时间，是农村小学进行“先学后教”的一种有效的课堂教学模式。在实施这一模式的过程中，教师要注意以下几个方面。

第一，加强对现代教学理论的学习。教师要明白，让学生会学，培养学生的学习能力、创新能力是学校教育的重要任务。就课堂教学而言，要体现以学定教、先学后教、多学少教、以学评教，积极主动参与教学模式改革。

第二，备课时要认真细致。教师不但要备教材、备学生，还要做好对学生学习的引导、对学生学法的指导，以及学会在课堂中根据教学情况调整教学进度，实现因材施教。教师要提出明确的预习目标，使学生带着任务和问题去学习、读书。

第三，适时指导学生，使学生不仅愿学而且会学。在学生自学的过程中，逐步积累学习方法尤为重要。

第四，全面掌握学生的学习情况。预习的过程也是教师进行教学调查的过程，教师要了解学生在预习中出现的问题，并分清主次，概括归类，为“点拨”做好准备。

2010年9月，我校开始组织教师对“两步八环节”教学模式进行理论学习。2011年3月，我校学科带头人和骨干教师试着用“两步八环节”教学模式进行教学，部分年轻教师也进行了实践探索。经过一段时间的教学实践，课堂教学效率得到了明显提高。新的教学模式改变了课堂教学的结构，改变了教师的教学方式和学生的学习方式，教师重视对学生学习习惯的培养，重视课后的辅导，及时辅导那些不能当堂完成学习目标的学生，帮助他们达成学习目标。推行一种新的教学模式要持之以恒，要更新教学理念，改革教学方法。在这个过程中我校碰到不少的困难，遇到不少的挫折。只有坚持不懈，才能最终实现教学改革的目标，真正实施素质教育，为学生的全面发展打下基础。

经过大量的教学实践，我认识到，“两步八环节”教学模式是农村小学实施“先学后教”的有效途径，运用与推广这种教学模式，并在工作中不断探索与实践，一定能提高农村小学的教育教学质量。

“两步八环节”教学模式的操作流程

威信县水田镇中心学校　查联智

“两步八环节”教学模式在我校实施了近三年，现已全面展开。通过实施这一课堂教学模式，我校课堂教学发生了根本变化：角色关系上，真正体现了学生的主体地位；学习方式上，以学生自主学习、合作学习为主；学习氛围上，学生自主学习之后思维活跃了，或读、或议、或写、或画、或做、或讲，个个争先恐后，学生个性张扬，兴致盎然，乐在其中。

“两步八环节”教学模式具有主动性、生动性、生成性的特征，能最大限度地激发学生的学习潜能，鼓励学生产生不同见解，用思维激荡思维，用思想冲撞思想，用方法启迪方法。教学评价在不可预设的课堂现场生成，教学评价服务于现场，而不是服务于预设。“两步八环节”教学模式注重培养学生的学习习惯，在自主学习中培养学生独立钻研的习惯和查阅资料的习惯；在合作交流中培养学生善于请教的习惯、乐于助人的习惯和善于沟通的习惯；在展示汇报中培养学生善于表达的习惯和善于倾听的习惯；在课堂检测中培养学生讲求效益的习惯。这一教学模式让学生获得了促进终身发展的学习方法，如预习、表达、复习、概括、倾听、总结等。

在“两步八环节”教学模式中，“两步”即探究学习、预习引领；“八环节”指探究学习包括目标再现、学情展示、合作探究、课堂检测、课堂小结五个环节，预习引领包括预习目标、指导尝试、课后延伸三个环节。

第一环节，目标再现。上课后，教师或学生解读目标，让学生明确学习目标，唤醒学生的问题意识，形成问题情境，增加学习的有效性。这个环节大约 2 分钟。

第二环节，学情展示。学情展示又称学情调查，在这个环节，学生在小组内检查预习情况并进行组内讨论、纠错，教师观察各组学生预习的情况，全面了解学生存在的问题，并分析和提炼问题，及时形成有效的导学方案和个性化指导计划，对学生进行点拨和指导。凡是学生能思考的教师不要暗示，要给学生搭建生成问题的“脚手架”，使学生能展示自己的学习所得。教师要设计难度较小的问题，让学生把学到的方法、结论运用到实践中，让每个学生都感受到学习的成功。这是面向全体学生的展示，让学生在展示交流中发现新问题，在不断质疑和修正的基础上初步形成解决问题的方法。这个环节大约 6 分钟。

第三环节，合作探究。在这个环节，教师要紧紧围绕教学重难点设置问题，学生进行深层次学习，实现二次升华。学生主要通过自主探究和组内合作学习、交流、质疑、纠错，教师与学生交流、评价。教师的点拨指导使学生理解问题、提升问题、梳理新知、深入思考，使初步得出的结论在交流中深化，在教师点拨和同学纠错中补充、完善，这是学生提升学习方法、进一步体验知识的生成和创新的过程。

在这个过程中，教师要巡视各小组，适时进行方法和思路的点拨，发现共性问题。学生组内讨论可能形成不同层次或不同见解之间的思维碰撞，小组长负责组织组内交流并收集无法解决或产生分歧的问题，可由其他小组帮助解决，也可在教师的指导下解决。对于学生中普遍存在的问题，教师可采用两种方式处理：一是教师参与小组交流，在学生相互讨论、解决问题的过程中指点迷津；二是给每个小组分配一个小问题，各小组集体完成后，让解决问题的小组当一次“小老师”，向全体学生讲解，教师做好点评。对于难度较大的问题，教师要善于利用学生渴望释疑的心理抓住要点，激励学生思考，帮助学生发现解决问题的思路和方法，或以问题为案例，由个别问题上升到一般规律，达到触类旁通的教学效果，让学生在教师的引导下归纳出新旧知识点之间的内在联系。在这个环节，教师一定要信心十足，不断以自己的教学热情感染学生，激发学生不断探究的信心和兴趣，实现师生之间情感与智慧的交流、交融。教师应该根据课堂实际和教材的要求，适时进行“二度提问”，引领学生挖掘教材，深化学生的思维过程，形成解决问题的方法和结论。这个环节大约 10 分钟。

第四环节，课堂检测。教师根据学习目标精心设计不同层次的检测题，让学困生学有所获，有成功的喜悦，让优秀生有“跳起来摘苹果的感觉”，使所学知识在检测中巩固，在运用中发展。这个环节大约 10 分钟。

第五环节，课堂小结。教师引导学生将所学的问题串起来，把知识梳理成线，形成网络。同时，教师可以对学生的学习过程、学习方法、小组讨论发言等进行小结。这个环节大约 2 分钟。

第六环节，预习目标。教师出示预习目标，师生共同对预习目标进行解读。预习目标要做到目标知识化、知识问题化、问题层次化，要有利于学生自主学习探究，具有可操作性。这个环节大约 2 分钟。

第七环节，指导尝试。教师要为学生搭建新知生成的桥梁和纽带，找准新知的生长点，为新知学习做好铺垫。教师要做好引导、讲解，并因人而异提供指导，鼓励学生大胆尝试探究。教师要让学生根据已有的经验和知识基础，用自己的思维方式自由、开放地去探索、去发现、去体验。在这个环节，教师要引导到位，讲解到位，特别是对学习方法的引领，要给学生足够的自学和讨论的空间。这个环节大约 6 分钟。

第八环节：课后延伸。教师根据预习目标和指导尝试的情况，布置预习任务，并向课外延伸，形成问题情境。学生带着预习任务自主学习，通过阅读教材、查阅资料分析理解问题，自己无法解决的问题要做好记录，可请教他人或第二天在课堂上解决。这个环节大约 2 分钟左右。

实施“两步八环节”教学模式是一项系统工程、持久工程，不会一蹴而就。

第一，学校领导要树立科学发展观，不断学习和总结，全体教师要转变观念、更新观念，主动参与教学改革的实践与总结。学校领导要抓住重点、落到实处、注重评价、有效引领、形成机制、纵深行进，加深教师对教育教学工作的理解。

第二，坚定不移、持之以恒地指导学生形成良好的学习习惯。教师要使学生学会自主学习与探究，学会合作与交流，包括自我成长、自我评价、自我监控、自我发展，使学生的自主、探究、合作、交流进入良性循环，实现真正意义上的自主教育。

第三，要有计划、有步骤地强势推进教学模式改革。任何新事物的发展都会遇到阻力，学校必须树立大教育观念，健全制度，确保课堂教学改革顺利开展。

第四，继承与创新有机结合。积极从“先教后学”的教学模式向“先学后教”的“两步八环节”教学模式转变，克服“先教后学”的教学惯性，形成“先学后教”的教学习惯和意识。教师必须学会理解、学会容纳、学会整合，按“两步八环节”的模式进行教学，熟练掌握各个教学环节，达到“从心所欲，不逾矩”的境界，构建适应新课程理念的课堂教学观，为学生的发展打下坚实的基础。

“两步八环节”教学模式调查报告

威信县水田镇中心学校　肖俩跃

（一）调查目的

为落实“两步八环节”教学模式，实施高效课堂教学改革，真正做到优质资源共享，促进师生共同发展，提高水田镇小学的教育教学质量，特做此调查。

（二）时间安排

第一阶段：到水田镇所辖各校参加“两步八环节”教学模式的理论学习和课堂研讨活动。

第二阶段：召开反馈会议，查阅有关资料，收集素材。

第三阶段：撰写调查报告。

（三）调查地点与调查对象

水田镇实施“两步八环节”教学模式的所有小学。

（四）调查内容

（1）“两步八环节”教学模式的理论学习与理论研究方面的问题。

（2）课堂教学改革实施过程中的困惑与对策。

（3）课堂教学改革的成果分享与经验总结。

（五）调查方式

课堂观摩和会议反馈。

（六）调查总结

在开放的教学模式下，教师要关注课堂教学生成，从学生的需要出发，珍视并灵活利用生成性教学资源，真正做到“变教为导，变学为思，变满堂灌为学生自主合作学习”，充分挖掘学生的潜能，使他们适应社会发展的需要。

（七）会议反馈

第一次会议反馈

课题实施组进行经验交流，指出了存在的问题、困惑及解决策略。

1. 学校组织实施

学校对课堂教学改革的认识有待提高，应该转变观念，组织理论学习，进行有效的指导，提出合理化的建议；学校要加强跟踪调查，及时采集信息。

2. 具体实施方面

（1）时间分配。

解决策略：各环节的时间规定不是固定的，可以浮动，但偏差不能过大。教师必须做到充分了解学生，精选内容，优化设计，简化头绪，精准引领。

（2）教师观念。

解决策略：接受新事物需要一个过程，教师必须认真学习“两步八环节”教学模式的理论，要解放思想，从观念上先转变，进而使学生的学习行为发生转变。

（3）学生预习。

解决策略：教师安排预习不但要明确学习目标和学习任务，还要教给学生预习方法，设计不同层面、有针对性的预习要求，同时进行引导、指导。教师安排预习任务要结合实际，做到有的放矢。同时，教师的备课和学生的预习要同步，坚持检查学生的预习情况。

例如，龙洞小学的语文预习方法：一读，二标，三做，四组，五概括；数学预习方法：一看，二思，三做，四对，五练。

（4）学困生参与合作、交流和探究。

解决策略：这不仅仅是“两步八环节”教学模式的问题，而且是学校教育中普遍存在的问题。这要求教师在学生交流、探究时，及时捕捉学困生的反馈信息，并给予点拨、指导和纠正。教师要帮助学困生解决学习中遇到的问题，激发学困生的学习兴趣，培养学困生的自信心。

（5）家长的职责。

解决策略：定期召开家长会，明确家长的职责，要求家长及时了解孩子的上课情况和作业完成情况。

3.“两步八环节”课堂教学成果分享

（1）培养学生自主、合作、交流、探究的学习习惯，让学生的反馈不再以自我为中心。

（2）课堂教学的预习引领阶段，既巩固了探究学习阶段教学的新知识，又与下节课的教学紧密相连；既有利于资源整合，又有利于知识迁移。

（3）目标明确，学习任务层次分明。

（4）学生的身份从被动接受变为主动学习，真正体现出学生是学习的主体。

（5）教师的教学观念从研究教师的教变为研究学生的学。

（6）学生的学习从课内延伸到课外，从学校延伸到家庭，从教师的督促延伸到家长的配合，搜集资料的过程开拓了学生的视野。

总之，教师的教是为学生的学服务的，教的目的是为了不教。这就要培养学生的自学能力和自学习惯。“两步八环节”教学模式的预习引领阶段很关键，这一阶段的课堂教学直接影响下节课探究学习阶段的教学效果。在学生展示、交流、探究时，教师要点拨、指导，保证学生认真学习；教师要观察、了解学生，对学生在学习中遇到的困惑、思维中的障碍、方法上的偏差，都要及时帮助、解惑、纠偏；教师要提示、点拨学生，注重培养学生的学习兴趣，激发学生的主体性。学生完成先学部分后，教师要学会抓重难点，抓规律性知识；教师要启迪思维、引导方法，导的过程要精，既不能“蜻蜓点水”，也不能啰唆重复。

第二次会议反馈

课题实施组进行第二次经验交流，会议反馈如下。

(1) 不同学段，不同要求。教师的教学方法要多样，不能“一刀切”。

(2) 预习引领阶段很关键，预习的效果直接影响下一节课的探究学习。这就要求教师要定向预习，制订下节课的预习目标，明确预习的要求、内容，为不同梯度的学生设计、安排不同层次的预习要求。

(3) 教师的备课要求不同，以前可以备一课上一课，现在必须备两节课，要精心设计、安排，把握好课堂教学时间和课堂教学安排等，克服了教师上课的随意性。

(4) 符合学生的认知水平和认知规律。“两步八环节”教学模式把学习从课内延伸到课外，教学课课相连，环环相扣，有利于学生的知识迁移和拓展学生的思维。

(5) 培养学生持久的预习动机关键在教师，在于教师的监督。预习引领阶段的目标要准确、具体，设计要有梯度；教师对不同层次的学生应有不同要求，预习目标应具有多样性。

(6) 充分体现了学生的主体性和教师的主导性，变研究教法为研究学法，真正做到“先学后教，以学导教，多学少教，以学评教”。

总之，实践“两步八环节”教学模式是“尝试教学”“目标教学”“先学后教”和“当堂训练”的有机整合，能够更好地解决农村留守儿童多、家庭文化底蕴缺乏、学生自主学习和自控能力差等问题。需要注意的是，不是学生预习了就都掌握了，都懂了，就不需要教师讲解了。教师还是应该讲的，但一定要精讲。

第三次会议反馈

我们积极实践课堂教学改革，是为了更有效地达成目标，实现“以人为本，构建高效课堂，快乐学习，健康成长”。在山东省杜郎口中学、河南省殷都区实验小学和铁西路小学，我们看到了不一样的课堂，我们感到了学生的自主、自信和创新能力，我们体会到了三维目标的真正内涵。我们坚信：要相信学生，发动学生，发展学生，挖掘学生的潜能，使学生充分发展自我。

以“两步八环节”教学模式为依托的高效课堂教学，探究学习阶段包括目标再现、学情展示、合作探究、课堂检测、课堂小结五个环节，预习引领阶段包括预习目标、指导尝试、课后延伸三个环节。课堂教学改革要在引领上下功夫，做到有目标、有内容、有要求、有方法。目前，教师在课堂教学过程中需要做好以下几个方面。

（1）教师要注意学生学习习惯的培养。一年级主要培养学生的学习习惯，如倾听习惯、复述能力和结对帮扶的合作意识等；二年级主要培养学生结对学习的方式和能力、表述能力、团队意识等；中高年级主要培养学生以小组合作学习方式进行学习的能力，挖掘学生解决问题、发现问题、平等互助、展示创新、博学多识的潜能，培养学生有效表述的能力和参与意识、竞争意识、团队意识。

（2）教师要做好学习小组的建立与建设。教师要注意不同层次学生搭配，注重培养小组长；要运用规范性语言规范学生的行为，适时使用合理的激励性评价，注意培养学生的倾听习惯和表述能力。另外，小组建设贵在坚持，要常抓不懈，不能“一阵风”。

（3）学生展示可以结合教学的内容，通过口头展示、组内互查、课前展示、课后展示等形式进行，不要拘泥于某一种形式。

（4）教师的功夫在课外，要选材精、设计精、讲解精。指导点拨很关键，这样的课堂才能形散而神不散，不要流于表面而没有实际效果。

（5）教师要敢于面对学生或班级的问题，通过讨论、纠错等方式解决问题。

（6）关注班级的主题、口号和座右铭，创建班级独有的文化，展现学生的创作成果。

（7）建立班级图书角，将学生的工具书集中起来，实现资源共享。

（8）课改实施指导小组应选派精干人员，导学案编写组要发挥集体的智慧编写优秀、适用的导学案。

脚踏实地，用心耕耘

——水田镇中心学校课堂教学改革经验

威信县水田镇中心学校　查联智

经过教师在课堂上的不断实践、不断总结、不断完善，我校教师从边摸索边实践到现在模式初定，从强势推行到自觉接受，从一头雾水到思路清晰，从怀疑犹豫到逐步坚定，全校教师特别是学科带头人、骨干教师和热心于改革的教师，都付出了辛勤的汗水。今天，我校的农村小学课堂教学改革探索初见成效，回过头来看我们走过的艰苦历程和取得的成果，我感到十分欣慰。在课堂教学改革初期，面对各种困难，进行改革实践的教师本着对教育的执着、对学生的关爱、对课堂改革理念的追求、对家乡父老的责任，勇往直前、上下求索，终于看到了希望。

课堂上，学生在组内交流、讨论、纠错的基础上，将小组的学习成果向全班同学展示，教师在课堂上成为策划者、组织者、合作者、点拨者，学生通过自主探究、自主展示、自主练习达成学习目标。整个过程中，教师鼓励学生生疑、质疑、析疑、解疑，使学生敢想、敢问、敢讲、敢评、敢讨论，让学生合作交流、讨论辩论，碰撞出思维的火花，感受到知识创新的成就感，激发学生的表现欲望，较好地实现了三维目标。课堂真正成为学生学习的乐园，课堂教学成为落实素质教育的真实行动。

（一）课改工作难度大，面对困难寻找模式

山区是落后的代名词，老少边穷的山区在很多人眼中更是刀耕火种的荒凉之地，但山区的人们有火热的情怀。《国家中长期教育改革和发展规

划纲要（2010—2020年）》指出："创新人才培养模式。适应国家和社会发展需要，遵循教育规律和人才成长规律，深化教育教学改革，创新教育教学方法，探索多种培养方式，形成各类人才辈出、拔尖创新人才不断涌现的局面。"山区的农村小学也要积极努力，推进教育改革与发展。

1. 面对困难，迎接挑战

2010年，威信县教育局要求辖区学校进行课堂教学改革，实现高效课堂，提出了先学后教的"15+25"模式。我校认识到，先学后教的"15+25"模式的确是实现三维目标、培养学生能力、实施素质教育的有效途径。现代生活气息已经进入山区，然而现代教育的理念多年来只停留在书本上。让先进的、适合学生的教育理念和教学模式进入课堂，是社会和家长对学校的期望，是学校课堂教学改革追求的目标。最难改变的是习惯，在贫困落后的山区进行教学改革谈何容易，山区学校的办学条件与教育发达地区相差太大，教师的数量严重不足，素质偏低，学科结构不合理，学生的素质也存在很大的差异，教师的教学方法与教学改革的要求存在着明显差距，进行课堂教学改革的难度很大。另外，山区农村家长文化程度普遍不高，留守儿童多，学生在家里通常无人辅导，学生的学习任务主要在学校完成。我校进行课堂教学改革面临重重困难。

2. 不断努力，探寻模式

作为教育工作者，我们都希望自己的学校成为学生和家长向往的学校，希望自己成为学生和家长信任、敬重的教师，希望自己的学生在课堂上获得知、情、思、辩的收获，有团结、协作、竞争的体验，希望师生在课堂上的互动是快乐的，心情是愉悦的。通过理论学习和对一些学校教学改革成功经验的了解，我校领导班子认识到，进行改革对我校来说既是机遇也是挑战。2010年春季，学校领导班子认识到，传统的课堂教学模式使师生身心疲惫，以学生为主体的先学后教的"15+25"模式在课堂教学中得不到体现。

要以学生为主体，充分体现学生的学，没有学生充分的自学为基础是不可能实现的，而要求山区的学生在课外自觉预习新内容是很难实现的。要实现真正意义上的先学后教，就必须让学生在课堂上进行新内容的预习，在教师指导和同学合作中完成。经过学校领导班子的反复讨论，我校提出了“两步八环节”教学模式，即将一节课分为探究学习和预习引领两步，探究学习阶段指导学生通过自主学习、合作学习、展示交流等完成新授课的学习，预习引领阶段指导学生对下节课的内容进行预习。这样就能确保学生在学习新内容前能充分进行有目的的预习，在探究学习中对问题进行深入思考。

（二）迎难而上，不断推进改革

实现“两步八环节”教学模式，我们还有很长的路要走。为了稳步推进课堂教学改革，我们做了以下几方面的工作。

1. 开始试点，骨干带头

学校组织学科带头人和骨干教师的班级里进行课堂教学改革试点。要改变传统的教学习惯很难，挑战传统教学需要一批热爱教育、锐意改革、甘于奉献的教师。我们学校的学科带头人和骨干教师是一群具有优秀品质的人，12 位学科带头人和骨干教师在自己任课的班级进行课堂教学改革实践。在实践过程中，有的教师感到迷茫，觉得新模式难以操作；有的教师觉得新模式有利于师生、生生的沟通，有利于提高学生的积极性，学生的学习效果好。工作中，教师不畏艰难，认真编写学案，进行小组建设，认真总结、修正，工作十分辛苦。

2. 外出学习，寻找经验

课堂教学改革面临种种困难，但是学校的领导班子信心百倍，一边鼓励教师坚持改革实践，一边外出参观学习，进行思想的更新。我校组织 12 位学科带头人和骨干教师以及部分学校领导外出学习。在杜郎口中学学习了一天后，参与学习的教师深深感受到了课堂教学改革的魅力。在河南省殷都区实验小学和铁西路小学各学习一天后，我校教师的思想受到冲击，感受到只要我们坚持，我们的课堂也可以精彩纷呈。我校教师坚定了进行课堂教学改革的信念，纷纷表示课堂教学应该是这样的。回到工作岗位后，学科带头人和骨干教师全身心投入到改革实践中，逐步带动起热心于改革的教师。

3. 形成模式，全镇推广

2011年春季开始，“两步八环节”教学模式在三个不同类型的学校和教学点进行试点。教师迎难而上，认真总结，不断反思，学校领导经常深入课堂，与教师一道研究课堂改革，使课堂教学不断得到完善。在试点期间，我校的校长和教学副校长每学期听课100节以上，与教师一起，不断总结、逐步修正，经过深刻的反思与总结提炼，逐渐完善了“两步八环节”教学模式。各环节有了明确的要求，便于教师掌握，有较强的操作性。课堂教学改革成果不断显现，2012年春季起，“两步八环节”教学模式已经在全镇小学全面铺开。

4. 纳入考核，开放课堂

为确保教学改革深入开展，我校将课堂评价纳入对教师的考核，强势推进课堂教学改革。对教师的课堂教学考核，是教师评优、评先进和绩效工资发放的重要依据，同时，对课堂教学考核优秀的教师给予一定奖励。我校掀起了课堂教学改革的热潮，为使教学改革顺利进行，我校做出明确要求，所有班级的课堂向学生家长开放。通过听课，家长可以深入了解“两步八环节”教学模式，学生家长一致认为，在这样的课堂上，孩子不但习得了知识，还能培养多方面能力。有的家长感慨地说：“我们读书时要是遇上这样的课堂就好了。”学生家长进课堂观课，对我校的教学改革起到了一定的促进作用。

5. 加强研讨，促进成长

我校将每周一作为“两步八环节”教研论坛时间，实行推门听课制，教师根据上课、听课中的收获和存在的问题进行分享、质疑，达到相互帮助、共同提高的目的。我校要求教师对每节课进行教学反思，让教师不断规范教学行为，促进教师专业化成长。

（三）围绕模式，做好三方面工作

在课堂教学改革中，“两步八环节”教学模式初步成型。我们围绕教学模式重点做好以下三个方面的工作。

1. 重视教学观念的更新

观念比能力更重要。反思我们过去的课堂教学不难看出，控制和替代挥之不去，学习和自主没有踪迹。如果课堂没有民主、和谐的氛围，那么创新精神和创新能力培养从何而来？课堂教学改革势在必行，教学观念更新首当其冲。为了转变学校领导和教师的观念，我们做了以下工作。

（1）组织教师认真学习《国家中长期教育改革和发展规划纲要（2010—2020年）》，让教师清楚国家对教学改革的要求。

（2）组织教师学习教育教学的相关理论，让教师了解高效课堂，掌握培养学生能力的教学方法。

（3）组织教师学习“两步八环节”教学模式和实施高效课堂的指导性意见与方法，鼓励教师在实践中应用。

（4）组织学科带头人和骨干教师，以及学校的相关负责人外出参观学习，然后组织课堂教学观摩和报告，将“两步八环节”教学模式呈现在全体教师面前，使全体教师认识到转变观念势在必行，课堂教学改革迫在眉睫。

（5）每周一组织教师教研论坛活动，让教师对教学改革过程中的小组建设、导学案编写与使用等进行交流，让教师分享成功经验，解决教学中遇到的困难。

（6）及时宣传教学改革实验效果好的班级，如学习气氛浓厚、学习效果明显、师生关系融洽的班级，使全体教师感受到“两步八环节”教学模式的魅力和潜力，让教师产生转变课堂教学方式的愿望。

教师要转变观念，把课堂还给学生，让学生感受到自己是生命的主人，是生活的主人，是实践的主人，是学习的主人。学生有了这样的使命，才能在教师的策划、组织、点拨下，通过自主学习、合作、探究和展示，迸发出无限的学习潜能。

2. 落实导学案编写

我校教师能力参差不齐，不是每个教师都能编写导学案，导学案编写也成了教学改革中的“拦路虎”。过去教师编写的教案以教师的教为主，主要研究教师怎样教。现在编写的导学案以学生的学为主，主要研究学生如何学。在整个教与学过程中教师策划、组织、点拨、指导学生学习。

（1）成立导学案编写组，努力完成编写工作。教师对课标的解读、对课堂教学内容的分解、对课堂设计理念的领会、对课堂教学结构的认同，是编写导学案的基础。为此，我校在各年级教师中进行筛选，成立了语文和数学学科导学案编写组，每组 2 人，共 12 个编写组，精选 24 名教师进行导学案编写。导学案编写任务繁重，参与编写的教师需要完成辛苦的工作。编写组教师克服重重困难，牺牲了节假日、双休日、假期从事导学案编写工作，让学生利用导学案和教材学习，基本完成新授课的探究学习和下节课新授内容的预习，解决了学习过程中农村小学生没时间、没条件完成预习任务的困难，努力使学生在课堂中成为学习的主体。导学案编写要紧紧围绕学习目标，将学习目标知识化、问题化、具体化，做到围绕目标、依托各环节、层次清楚、具有很强的操作性。导学案的问题要设计合理，有利于学生自学、合作、讨论、探究，有利于学生自己总结规律，自己解决问题。

（2）实践中修改，修改后实践。为了切实开展以“两步八环节”教学模式为依托的课堂教学实践，提高教学质量，2011 年秋季开始，我校开始在课堂上使用自编导学案，实施过程中出现部分教师课堂导学目标定位不准、导学过程混乱的现象。针对这一问题，我校采取了个人研究与集体备课相结合的方式，依据课标和“两步八环节”教学模式的操作流程进行修改和课前整合。为了提高导学案编写质量，每学期组织教师开展导学案编写研讨交流，教师进行交流发言，学校领导根据教师交流的情况和听课过程中发现的问题，对导学案的编写和修改提出明确要求，让导学案在实践中编写，在修改后实践，本着“教无止境、备无最佳、编无定式、改无定期”的思路，不断完善导学案。

3. 抓实小组建设

“两步八环节”教学模式改变了传统的班级学习形式，实施以小组为主的自学、对学、群学的学习形式。小组学习形式是教学改革的基础工程，从某种意义上说，没有系统的小组建设，就没有教学改革的成功。小组建设需要规范，需要持之以恒的坚守和源源不断的激励。小组建设是实施“两步八环节”课堂教学模式的基础工程。

（1）合理组建小组。通常情况下，五、六年级 6 人一组，三、四年级

4 人一组，一、二年级 2 人一组，主要注重对学生学习习惯的培养和倾听、表达、合作等能力的培养。组建小组时要做到组内异质、组间同质。

（2）确定并培训小组长。小组长开始时由成绩好、组织管理能力强、乐于为同学服务的学生担任，学生的合作习惯、组织能力提高后可以轮流担任组长。教师要做好小组长的培训工作，让小组长组织好自学、预习、讨论、纠错、检查督促工作，安排组内学习成果的展示。

（3）为小组命名。各小组要为本组取一个积极向上、有一定寓意、代表本小组的组名，激励小组成员共同奋斗。

（4）小组活动形式。学生可以坐成“双竖型”“马蹄型”，也可采用常规坐法。小组的座位要能够转动，便于调整视听方位。小组学生要编号，将能力水平接近的学生编成一个号码，以便于教师组织教学和小组成员调整。

（5）做好小组评价。教师要做好组内评价和班内评价，及时公布评价结果，培养学生的自信心，鼓励学生敢发言、多发言、发对言，包容学生的“错误”，激发学生的学习兴趣，确保学生自主学习、合作探究、交流展示的积极性。教师必须与学生建立平等、和谐的师生关系，成为学生的好朋友。教师要尊重学生的人格，与学生相互友爱、相互信任、相互帮助。

（6）统一口令，规范形式。在实施“两步八环节”教学模式的过程中，教师的教学方式和学生的学习方式都发生了很大的变化，教师要结合实际，逐步解决小组建设和合作学习中存在的问题。小组学习形式打破了原来全班整齐划一的学习方式，让学生在较短的时间内集中精力倾听、思考和观看展示，就必须统一口令，规范学生的行为。例如，在小组学习结束后，教师或学生布置任务，发言人说“聚焦”或“坐”，学生就说“迅速”或“端正”，这样所有学生就会坐端正，集中精力于教师或同学布置的任务。有学生未专心投入到学习中，发言人说“静”，学生就说“悄悄”，这样就阻止了学生开小差的行为，使其及时调整学习状态。学生准备发言时，发言人说“我说”，其他学生就说“我听”，这样学生就准备听取同学的发言。教师可以根据课堂的需要，与学生一起确定口令并在课堂教学中使用。

在“两步八环节”教学模式中，全班不是有多少个学生，而是有多少个小组。教师重视小组合作、互助精神培养和小组荣誉感培养，对学生个体和学习小组做好激励性评价，使小组成为学生学习的乐园。教师评价要持之以恒，做到事事有评价、课课有评价、科科有评价、天天有评价、周周有小结、期期有总结。评价应该是积极的，是激励性和鼓动性的，评价结果应作为奖励学生的主要依据。通过不断的探索、实践、总结，我校的小组建设展现出学生学习过程的蓬勃生机。

（四）树立四种意识，落实五大保障

构建“两步八环节”高效课堂是一项系统而持久的工程，不能一蹴而就。在这个过程中，学校完善各种规章制度，制订了《水田镇中心学校高效课堂实施方案》《水田镇中心学校高效课堂考核奖惩方案》等制度，坚定、持续、科学地推进高效课堂建设。不断推进课堂教学改革必须树立四种意识，落实五大保障。

1. 学校领导和教师要具有四种意识

第一，树立科学发展观，更新教育教学理念。学校领导要通过不断的学习和总结，引导全体教师转变观念，让教师主动参与到教学改革实践中，提升教师的专业能力和对教学改革的认识。

第二，持之以恒，培养学生良好的学习习惯。教师要坚持科学地指导学生形成良好的学习习惯，让学生学会自主学习、合作探究、交流展示，使学生的学习进入良性循环，实现真正意义上的自主教育。

第三，不畏艰难，强势推进的意识。任何改革都会遇到阻力，要有计划、有步骤地推进改革。学校要树立大教育观念，健全制度，支持课堂教学改革，确保“两步八环节”教学模式顺利开展。

第四，继承与创新相结合的发展意识。积极从先教后学的教学范式，转变为先学后教的“两步八环节”教学模式，克服先教后学的教学惯性，逐步形成先学后教的教学习惯和意识。

教师必须更新教育教学理念，学会理解、学会容纳、学会整合，按照

“两步八环节”进行教学，熟悉教学模式的各个环节，达到“随心所欲，游刃有余”的境界。教师要构建适合新课程理念的高效课堂教学观，为学生的终身发展打下坚实的基础。

2. 举全校之力，落实五大保障

第一，投入经费保障教学改革。学校的经费要优先投入教学改革，保证各项工作正常进行。

第二，示范引领带动教学改革。学校领导、学科带头人和骨干教师示范引领，全体教师积极参与。学校领导要成为策划者、先行者、实践者、引领人，与师生一起分享上课、听课、评课、反思的得失。学校校长和教学副校长每学期听评课要达到100节以上。

第三，常规管理促进教学改革。教学改革不能一蹴而就，不能“一阵风”，只有常抓不懈才能有所成效。我校把课堂教学改革纳入学校的常规管理工作，使教学改革实践常规化、常态化，并纳入对教师的学期考核，将考核结果作为职称晋升、评优、评先和绩效工资发放的依据，强力推进课堂教学改革。

第四，倾注情感完善教学改革。鼓励教师倾情投身于教学改革，教师要迅速转变观念，积极投身课堂教学改革，在改革中不推诿、不回避、不应付。在学校的组织下，教师认真编写导学案，根据自己的教学实际对导学案进行修改整合，在课堂教学中不断反思、修正自己的教学行为，使课堂教学不断完善。教师按照“两步八环节”教学模式还课堂于学生，课后与学生、同事共同分享课堂得失。

第五，校园文化推动教学改革。为了推动教学改革顺利进行，学校创设了浓厚的教学改革氛围。在校园绿地、楼道、教室墙壁都悬挂了宣传牌，用格言警句、名人名言激励师生不断进步。在教室内外张贴学生的优秀作品，让学生感受到成功的快乐，通过榜样引领并激活学生的潜能，鼓励学生探求结果、生成知识、快乐学习，在知识探究的氛围中激发学生的求知兴趣，让师生时时处处都受到教学改革的熏染。

（五）付出终有收获，教学改革初见成效

我校的课堂教学改革工作起步后，得到了上级领导与专家的关注、关

心和鼓励，上级领导和专家对我校的“两步八环节”教学模式给予了充分肯定。

2013年春季学期以来，许多教师慕名到我校观课，威信县中小学课堂教学现场会在我校召开，县教育局领导、教育科研部门的教研员多次深入我校课堂听课并指导课堂教学，对我校的课堂教学改革予以高度评价。

2014年3月，全国教育专家委员会会长冯恩洪教授到我校听课，课后，冯校长在黑板上写道：“同学们，你们是敢于参与、乐于表达、活力四射的阳光少年，你们是祖国的骄傲。”冯教授还勉励学生：“孩子们，你们虽然生活在大山里，但北京、上海、广州的孩子受到的教育也是如此。希望你们好好学习。”

2014年4月，山东教育发展战略研究室主任陈培瑞到我校指导，夸赞我校的“两步八环节”教学模式是尊重生命的教育，高度评价了我校教师的课堂教学；上海方略教育集团的专家李广春校长、田汝华校长，听了我校教师的课后，无比感叹地说：“万万没想到大山里会有这样精彩的课堂。”

2014年6月，中国教育发展研究室原副主任、中国教育战略研究中心副主任周满生，国家关工委教育发展中心专家委员会会长冯恩洪教授、副会长杜金山、田汝华、万玉霞等专家，到我校进行教学改革经验考察，分别在龙洞小学、水田小学听了一节课，查阅了相关资料，召开了学校中层领导、教师、学生代表座谈会。与会专家充分肯定了我校课堂教学改革成果，还对座谈会上学生的表达能力赞叹不已。在反馈会上，冯教授充分肯定我校“两步八环节”教学模式的课改成果，要把我校打造成全国知名的示范性农村小学，要求我校教师不能松懈，要一如既往抓好教学改革工作，并指明了教学改革努力的方向。

（六）力行教学改革，喜看成效

1. 改变了学生的学习方式

学生的课堂学习与课外学习从苦学变成乐学，从被动变成自主。

2. 改变了师生关系

教师与学生的关系从对抗变成相容，教师从严师变成朋友。

3. 改变了教师的职业行为

课堂苦教苦讲变成了研究课堂，课堂气氛和谐了，师生心情愉悦了，课堂变成了师生合作的乐园。

4. 改变了学生

学生表现出让人惊讶的能力，以前难以理解的问题被学生讲解得清清楚楚。学生拿起书本与教师和同学互动，学生善于思考、敢于质疑、勇于展示，个个跃跃欲试。

5. 提升了教师的素质，促进了学校的发展

实施课堂教学改革以来，我镇教师个人教研成果累累，其中，一位教师的论文《培育植根大山的教学模式》被《未来教育家》杂志 2014 年第五期刊载；有 4 位教师的教研论文在中国教师发展基金会 2014 年组织的论文评选中分别获一等奖；有 32 篇教师论文在省、市组织的论文评选中获奖并发表；我们的不少教师撰写的教学经验文章被《威信教育》大量刊载。

我镇学校知名度大幅度提升。截止到目前，省内外有 76 所学校的 3000 多名教师到我校观摩学习；村级小学有 3 个省级立项课题结题；中心校申报的国家级立项课题《农村小学“两步八环节”课堂教学模式研究》现已结题；水田小学数学教研组、龙洞小学教研组被昭通市教育局评为“优秀教研组”；中心校被昭通市教育局授予学校内涵发展工作“特别奖”，水田小学被授予“优秀奖”。同时水田小学被云南省教育厅评为“身边最美丽学校”。

尤其值得一提的是，我镇教师逐步从职业倦怠中走了出来，并走向了职业幸福。

第二篇

摸着石头过河，在调查探究中发展

“两步八环节”教学模式中学情展示环节探究

威信县水田镇中心学校　查兴贵
威信县水田镇龙洞小学　林　潇

真正高效的课堂，就是要着眼于学生未来的发展。随着课堂教学改革的不断推进，低效课堂甚至是负效课堂渐渐远离了我们，积极合作、自主探究、交流展示、自信汇报、纠错评价等学习方式在我们的课堂教学中已经生根发芽、开花结果。学情展示是我镇已经研究实践了三年多的“两步八环节”高效课堂教学模式中的第二环节；是学生检查、汇报预习情况，合作交流，提出问题，教师收集信息、形成有效导学案的环节；是整理学生在预习中遇到的问题，在交流中生成新问题，为下一环节的合作探究起到牵引铺垫作用的重要环节。

然而，在平时与教师交流的过程中，在走进课堂与教师一道学习的过程中，我们发现教师在课堂教学中对学情展示环节的操作还不太熟练，有的五花八门、乱七八糟，有的只是走走过场，生搬硬套，无实际效果。那么，这一环节究竟要求教师和学生做什么、怎么做、为什么这样做呢？

（一）学情展示环节做什么

学情展示环节，学生要在小组内检查预习情况，学生间进行组内合作交流、讨论帮扶，以组为单位汇报、展示通过讨论无法解决的预习时遇到的问题，以及在交流时新生成的问题。教师要巡回于各小组间，了解学生的预习情况，进行监督、收集信息、汇总信息、处理信息、反馈信息等活动，全面了解学生的问题，分析和提炼学生的问题，及时形成有效的导学计划。学生通过小组合作分享预习收获，达到知识的共享，完成简单的、基础的和稍有跨度的知识学习（各年级段有各年级段的要求）。教师在巡回检查过程中要弄明白哪些小组已经解决了哪些问题，哪些知识点还不明白；哪些人还存在哪些问题，在合作探究环节要重点“照顾”。

（二）学情展示环节怎么做

1. 教师检查学生预习情况

我们在听课时发现，有的教师在检查学生预习情况时说：“组内成员互相检查一下预习情况。”小组成员便齐刷刷地围在一起，开始交流、讨论，那整齐劲、那热闹劲，真可谓训练有素。二三分钟过去了，教师一声令下：“时间到。”学生就又齐刷刷地回到座位上，并整齐响亮地回答：“我坐好。”教师又说：“现在小组汇报预习情况。”于是各组组长依次回答：“我们组同学完成得比较好。”“我们组同学字写得工整、认真。”“××同学字迹潦草，甚至没有预习。”……就这样，各小组井然有序地汇报完毕后，教师说：“要注意啊，没有完成预习的下次不要这样了。”接着话锋一转，“我们进入今天的下一环节的学习。”试想，这样的检查有效果吗？这样的交流有意义吗？时间长了学生对检查预习还有兴趣吗？答案当然是否定的，这就是所谓的形式主义。

其实，学生在小组内检查、交流预习时，教师不要只站在讲台上，仅听学生简单的口头汇报，而要巡回于各小组间，进行走访调查，了解学情，了解学习小组的预习情况。对于那些没有很好完成预习的，教师应及时询问了解，进行补救，以避免个别学生投机取巧、避重就轻，甚至不预习的现象。

2. 组内交流、讨论、帮扶、纠错

学生在组内对预习内容合作交流，分享自己的预习收获、新发现，帮扶纠错，各抒己见。教师在学生小组合作交流预习时走下讲台，参与到学生的合作交流中。对于那些合作交流有问题的“困难户”，教师要特别关注，多走访，多帮助，多鼓励，帮助出点子、找方法；对于合作学习较好的小组，教师要提问题，引导组内拓展，提高交流探讨的深度。通过小组内合作交流、讨论、帮扶、纠错，组内成员对同一问题形成正确看法或合理解读。这一环节最重要的是小组内要总结出本组还不能解决的问题，或提出在合作时生成的新问题，等待在展示环节向全班学生请教。

3. 汇报展示

汇报展示不仅仅是评出谁预习完成得好，谁完成得不好，而是汇报通过小组合作学习，哪些是已经会了的，（可以简单汇报，几句带过）有什么新的发现；哪些是通过合作学习现在还模棱两可的或不能解决的，甚至是通过组内思想碰撞而产生的新问题。（可以按照组内派代表说，组内接力补充说，其他组员完善说的顺序进行汇报）这样，小组合作才有高度、深度和宽度，学生参与才有兴趣和激情。

4. 汇总、提炼、分类信息

教师通过学生的合作交流、帮扶纠错、汇报展示，要很快做出汇总提炼，处理学生的反馈信息，要立即分析哪些问题是要马上解决的，哪些问题是可以一句带过的，哪些问题是通过学生合作、教师引导才能完成的。需要马上解决的问题很多时候是那些学困生提出来的较简单的问题，这种问题可以要求其他组成员给予解答；可以一句带过的问题通常是与本节课知识联系不大的或一些比较简单的问题，教师可以用谈话的形式简单讲解；需要通过学生合作、教师引导才能完成的问题一般是本节课的重难点，是全班大部分学生的共性问题，这就要求全班学生动起来，通过自主思考、组内讨论、汇报成果、组间评价补充来解决，教师可以提示方法，引导学生分析问题、解剖问题，突出重点，突破难点，从而自然而然地进入合作探究环节。这样也避免了教师说“我们进入今天的下一环节的学习”之类的过渡语。

（三）为什么这样做

学情展示是我校“两步八环节”教学模式的第二环节，此环节与上节课的预习引领紧密相连、环环相扣。该环节在检查学生自主预习时，培养了学生的课前自主预习和合作学习能力，提升了小组合作学习的价值，使学生养成了自觉学习、自主学习和合作学习的好习惯，并使这种习惯慢慢变成能力，如在合作交流时，学生合作交流、纠错评价、汇报展示的能力以及解决问题的能力、语言表达能力等。同时，这一环节也是教师收集、汇总、提炼、分析、处理信息的关键环节，是教师及时形成有效的导学案和个性化指导计划的重要环节。通过这种做法，教师可以真正了解学生在上节课的预习引领环节有没有认真落实，对于课外延伸的知识有没有主动查阅资料，从而督促学生逐步养成课堂基本完成预习、课后及时补充知识的好习惯。如果有个别的学生没有对本节课内容进行预习，那他们在本环节的交流讨论中就会无话可说，就会拖本组的“后腿”，影响组内评价。组与组竞争，人与人对比，促使学生能主动地去预习，解决了学生不能自主预习的问题。只有这样，少讲多练、精讲精练才不是空话和套话，学生合作学习的价值也才能真正得到体现和认可。

“两步八环节”教学模式中预习引领阶段探究

威信县水田镇龙洞小学　林　潇

预习是高效课堂学习的基础，是学习过程中的一个重要环节。它能够引导学生“先学”，增强学生的自学能力，有效地提高学生独立思考问题的能力。但是，我镇自实施“两步八环节”教学模式以来，一部分教师在预习引领阶段并没有做到真正的引领。我们应该如何有效地引导学生进行预习呢？

（一）重在目标的“准”

对于预习的目标，很多教师就是一句话：“今天回家预习某某课。”学生放学后充其量只是读一读课文或看一看例题，有些学生甚至连课文都没有读通，例题都没有看懂。这样的预习不仅达不到预习的目的，反而会让学生养成做事盲目、草率的坏习惯。如果只是这样的预习指导，还不如没有好。预习目标的设定要明确、简洁、直观。也就是说，在设定预习目标的时候，不能含糊不清，而要用最通俗易懂的语言指明预习时应该完成哪些方面的内容。如《鸟语》第一课时的预习目标可以这样设定：会读写生字词，能给9个生字注音、组词；能把课文读通顺、读流利；能用几句话概括课文的主要内容。这样的目标设定得既简洁又直观，在生字的读、写、用上都有了明确的要求，对课文的通读及概括课文主要内容方面也有了具体的要求，学生一看就知道做什么，操作起来就不再盲目。另外，预习目标的设定也不能太片面，要分清主次，重点部分的要求要细一点。如《燕子》第二课时的预习目标中，重点部分的预习目标可以这样设置：通过朗读、观察和想象，感受燕子的可爱和春天的美丽。思考一下，小燕子飞行时有什么特点？休息时又有什么特点？并找出文中的两个比喻句，分别说说把什么比作什么。只要把这几个问题解决了，学生对课文重点部分的预习也就完成了。因此，预习目标要抓住重点、要点，便于学生在预习时分清主次。

（二）重在问题的“精”

预习目标确定后，还要把预习目标所涉及的内容进行问题化，但这并不是说要片面地进行问题设计。问题不是越多越好，而是越精越好。据我观察，有些教师设计的导学案中预习引领的问题就达二十余个，还要另加两个学习要求。这样的导学案就过于烦琐了，不利于学生的预习和教师的引领，毕竟只有 10 分钟左右的时间。教师在设计预习问题时对没有必要提出的问题尽量不要提，一些过于简单或易操作的问题可以放到下节课的探究学习阶段去细问，提出的问题必须是具有综合性的，能突出重点的。当然，也不是说所有的简单问题都不能提，一个班中学生的基础有好有差，教师要注意照顾学困生，设计问题时应遵循由易到难、由浅入深的原则，让学困生也有机会经历成功的喜悦，从而激发他们的学习兴趣。

（三）重在教师的“引”

预习，从原则上讲只是学生的课前学习任务，“两步八环节”教学模式改变了以往的做法，让我们把新课程的预习拿到课堂上来进行，让学生在教师的正确引导下自主完成预习。“两步八环节”教学模式的关键就在于学生的预习有没有真正做到深入，学生有没有真正会学。对于农村小学生而言，留守儿童过多，隔代抚养情况也多，有的孩子回家后由于家长监管不力而不能自主完成预习，有的孩子因为家务繁多而没有时间完成预习。因此，要使学生的预习深入，在“两步八环节”教学模式的第二步阶段，教师必须做到真正的引领。教师的引领不只是读读目标、读读问题就行，而是要解读预习目标，教给学生分析问题的方法，把学生带入目标所涉及的内容中，在课堂最后 10 分钟左右时间内完成新课的预习，只把极少数在课堂上无法完成的问题延伸到课外去解决。这种做法弥补了农村课堂的课前空白、课外预习流于形式等种种弊端。所以，教师必须引导学生懂得要用什么样的方法、在什么地方才能解决这些问题，完成新课程的预习。没有教师落到实处的引领，学生就不可能在短短的 10 分钟时间内完成对新课的预习。在学生自主预习时，教师的“引”起到了至关重要的作用。

（四）重在学生的“动”

学生的预习主要是在教师的有效引导下逐步完成的，但并不是只要学生坐着听听教师的讲解就能完成的，而需要学生“动”起来。所谓的“动”，就是指动脑思考、动嘴讨论、动手记录。也就是说，教师在进行引领时，并不是把问题的答案告诉学生，而是教给学生预习的方法和获取知识的途径，让学生在听到教师的话以后动脑思考，并在小组内进行交流讨论，做好记号或记录。学生动脑思考的不只是教师提出的问题，还要对预习的内容进行深入思考，找出自己还不理解的地方并提出相应的问题，下节课或当堂提出来请其他学生帮助解决，这相当于为全班学生提出了新的预习问题。所以，教师在做到有效的“引”后，还要鼓励学生“动”起来。

预习是一种良好的学习习惯。它既培养了学生自学的习惯，又增强了学生的自学能力，还有效地提高了学生独立思考问题的能力。但是，在农村小学，受社会现状的制约，我们不得不把学生的预习放到课堂上来完成，这也要求我们真正做到以上的四个“重”，让我们与学生共同深化预习环节，促进有效生成，张扬学生个性。

“两步八环节”教学模式中数学课的预习引领

威信县水田镇核桃树小学　孙远财

我校的“两步八环节”教学模式是将课堂分两步走，即探究学习和预习引领。探究学习阶段30分钟左右，包括目标再现、学情展示、合作探究、课堂检测、课堂小结五个环节；预习引领阶段10分钟左右，包括预习目标、指导尝试、课后延伸三个环节。其中，预习引领的时间虽然只有10分钟，却是培养学生自主探究的良好学习习惯的关键，也是学生在下一堂课展示自我的准备阶段。预习引领让学生“先入为主”，充分发挥学生的主体作用，充分调动学生的学习主动性，提高学生的自学能力和动手操作能力。因此，预习引领也是提高课堂效率的关键。在我个人看来，预习引领应做到以下几方面。

(一) 预习引领，“导”字是关键

1. 创设问题情境，激发探究欲望

数学教学要紧密联系学生的生活实际，从学生的生活经验和已有知识出发，创设生动有趣的情境，引导学生开展观察、操作、猜想、推理、交流等活动，使学生通过数学活动，掌握基本的数学知识和技能，初步学会从数学角度去观察事物、思考问题，激发学习数学的兴趣，以及学好数学的愿望，树立学好数学的自信心。因此，教师要精心创设问题情境，多方面提升教材层次，使原本抽象的数学变得生动有趣，也就是把生活经验数学化，数学问题生活化、生动化、兴趣化，从生活中捕捉素材，降低预习的难度，使学生体会到数学就在身边，感受到数学的趣味和作用，对数学产生亲切感。只有这样，才能达到预习的效果，提高课堂的学习效率。例如，在教学“三角形的特性”时，有一个知识点是通过三角形的顶点画三角形的高。有位教师是这样设计的：多媒体出示一个三角形的池塘，一只小狗要从对岸（三角形的池塘的一个顶点上）游过来，你能帮它设计一条距离最近的游泳路线吗？这是多么有趣的情境啊！学生一想到要帮助小狗，就产生了极大的兴趣和强烈的探究欲望。

2. 由浅入深，循序渐进

教师要认真钻研教材，精心设计预习内容，注意问题的层次性和学生的差异性。学生解决问题是遵循从简单到复杂、循序渐进的规律的，因此预习的内容不能过浅或过深。过浅达不到课前预习的效果；过深容易将课前预习当成新课内容，给学生造成认知上的困难，使学生产生畏难情绪，同样达不到课前预习应有的效果。因此，教师要引导学生“温故而知新”，把新旧知识融会贯通，举一反三，注重新旧知识的对比和有效结合，从而建立新的联系。例如，在教学三年级数学“一位数除两位数”这一课时，我这样设计预习引领内容：让学生从旧知识（先计算 28÷4）迁移到新知识（再算 68÷4），通过计算进行对比，知道先用一位数去除被除数十位上的数，商写在十位上，再用一位数去除个位上的数，商写在个位上。

（二）预习引领要有“两性”

1. 明确性

预习的目的是学生提前对要学习的新知识做准备，对新知识进行初步的认识，初步了解新知识的难点并引发疑点，而不是学生要提前全部学会、学懂新知识。学生在预习中要找出知识点，提出问题，以便在课堂学习时做到有的放矢，与教师和同学引起“共振”，从而提高认知水平和学习效率。因此，教师设计的预习目标要紧扣教学内容的核心部分，要少而精，让学生明确预习的具体要求。同时，教师也要因人而异，对不同层次的学生提出不同的预习要求。

（1）通过预习，学会了什么？即预习部分研究了什么知识？解答方法是什么？

(2) 通过预习，想到了什么？即预习部分和以前学过的知识是否有联系？有什么联系？有哪些相同点和不同点？

(3) 通过预习，还有什么不明白的地方？

以上问题应让学生灵活选择，不强行要求统一。

2. 可操作性

著名教育家叶圣陶先生说过："预习要收到实效，方法必须切实，考查必须认真。"这个"必须切实"的方法，对小学生来说应该是简易、实用、有趣、有效的方法。因此预习目标要做到目标知识化、知识问题化、问题层次化，要有利于学生探究，具有可操作性。预习时，教师要对学生进行引导，要正视学生存在的个体差异，对个别学生进行个别指导，对存在的共性问题引导学生进行合作探究，通过尝试练习对预习结果及时进行检查、评价，让学生感觉到自己的劳动成果受到肯定和赞赏。

(三) 预习目标要有较大探究空间

1. 训练学生的发散思维

培养学生的发散思维是提高学生创造性思维的有效手段，对全面提高学生的素质起着重要的作用。因此，预习目标要有较大的探究空间，教师要设置开放性问题和不同层次的类比问题，使不同层次的学生有多重的学习空间，把时空有限的课堂变为人人参与思考和探究的无限空间。例如，教师可设计类似"你还能怎样求出长方形、正方形的周长？""你能背诵乘法口诀吗？你发现它们有什么样的规律？"等开放性问题。在教学中，只有切实培养学生的发散思维，才能使其最终成为勇于探索、敢于创新的创造型人才。

2. 注重学生的交流与合作

预习引领要重视学生探究活动中的交流与合作，使每个学生找出不懂的问题，想出自己的解决方法，在探索中互相启发、互相补充。这样，不仅有利于加深学生对新知识的理解，还有利于提高他们的思维能力，从而使我们的课堂精彩纷呈。

数学教学要注重培养学生良好的学习习惯，教会学生掌握恰当的数学学习方法。教师要发挥主导作用，激发学生学习数学的兴趣，调动学生学习数学的积极性，引发学生的数学思考，鼓励学生的创造性思维，处理好教师讲授与学生自主学习的关系，引导学生进行有效的合作交流。

总之，教师的预习引领对学生学好数学有较大的促进作用。预习引领不仅可以使学生明确新课的重点和难点，发现不懂的问题，在课堂上有针对性地进行学习，而且有助于培养学生的自学能力，增强学生的创新意识。

组织小组合作学习的有效策略

威信县水田镇龙洞小学　林　奎

“两步八环节”教学模式在我校开展得有声有色，教学中采用学生自主、合作、探究、展示、纠错等学习方式，把时间和空间还给学生。因此，班级小组建设是必不可少的，教师如何组织、引导小组合作学习是高效课堂成功的关键。现在，结合我个人的教学实践，谈一谈组织小组合作学习的一些有效策略。

（一）帮助学生树立参与、合作的信心

班级学生之间存在差异是不可避免的。在小组合作学习中我们不难发现，成绩好的学生合作学习的积极性高，而学困生在合作学习时经常表现消极，或者只在形式上参与，有时甚至一言不发，只在一旁洗耳恭听，稳坐如钟，没有在小组合作学习中表现出信心和求知的欲望。对于这种情况，教师不能采取强迫的方式和手段。进行小组合作学习时，教师要多注意这些学困生，要与他们一起学习、一起探究。教师可以从最简单的合作开始，如参与合作朗读课文，和他们一起朗读、一起评价，同时适时鼓励他们，教给他们合作学习的方法，帮助学困生树立参与、合作的信心。

（二）建立小组竞争机制，营造竞争氛围

小组间有了竞争，学生就会产生强大的学习动力，课堂就会充满活力。建立小组竞争机制，营造竞争氛围，让学生在竞争中合作学习与交流，就会促使学生努力为自己的小组争得荣誉，向着最优努力。例如，一

次简单的朗读、一个数学概念的描述、一个简单的解题方法说明等，都可以采用“我比你读得好，我比你说得好，我比你讲得好”的竞争学习形式。通过这种竞争机制，学生就能把知识从不知道转化为知道，把不会学转化为会学。这种竞争机制和竞争氛围能从多个方面培养和锻炼学生的表达能力、倾听能力、学习思维能力等，使学生在竞争中既学得真知，又展示自己优秀的一面。

（三）明确合作学习的任务和方法指导

运用“两步八环节”教学模式时，小组合作学习的目标一定要明确。教师在小组合作学习前抛出的问题不能太宽泛，一定要让学生知道这次讨论的问题是什么，最终要达到什么目的。在问题的引导下，学生很快就会进入合作学习的状态。例如，让学生讨论倍数的特征时有两个合作问题。问题一：找出 3 的倍数，你发现了什么？问题二：小组合作找出 3 的倍数，有最小的倍数吗？有最大的倍数吗？问题二的可操作性比问题一要强，因为学生通过问题就知道合作要做什么。教师明确了合作学习的任务后，还要提供合作学习方法指导，重在指导学生自己去思考，去讨论。教师要避免学生间的相互抄袭，鼓励学生多动脑，有自己的主张，不人云亦云，才能有真正的收获。

（四）合作学习要及时展示，及时纠错，及时评价

小组合作学习的过程，实质就是让问题在合作中产生，在合作中解决的过程。这就意味着合作学习成果要及时展示，及时纠错，及时评价；在展示中分享，在纠错中进步，在评价中提升，尽量做到知识共享。这一环节重在教师的组织和引导，如在《李广射虎》第一课时教学中有这样一个环节：教师先让各组合作认识本课导学案上的词语，然后结合课文用自己的话说出对词语的理解。学生有的展示对词语的理解，有的提出自己不能理解的词语，然后其他学生通过展示帮助解决，一次次展示让学生理解了大部分词语。与此同时，小组之间进行评价、纠错，学生对字音、词义、语言表达等都提出了不同的看法。评价时，教师引导学生抓住问题去评

价，实现知识共享。这个环节完成后，学生都收获了很多。课堂上精彩不断，教师评价和学生评价在其中起到了画龙点睛的作用。

总而言之，学生自主、合作、探究、展示、纠错的学习方式是高效课堂的有力保证。正如古罗马教育家普鲁塔克所说：“孩子的心灵不是一个需要填满的罐子，而是一颗需要点燃的火种。”

大班额班级高效课堂导学实施策略

威信县水田镇中心学校　查兴贵

大班额是指学校教学班级学生人数在 46 人以上。（46～55 人为大班额，56～65 为超大班额，66 人以上为特大班额）我校自开展农村小学“两步八环节”教学模式以来，学校很多大班额班级克服困难，积极行动，投身实践，不断总结，使“两步八环节”教学模式在学校中有效开展、切实进行。现将我校践行大班额班级高效课堂导学的具体做法与同行分享，抛砖引玉。

（一）班级纪律，秩序井然

任何活动都需要纪律约束才能正常、有效地开展。班级教学也一样，有良好的班级纪律、切实可行的班规班约，学生才能更好地开展学习，形成良好的班风、学风，养成良好的学习习惯。我校在班级组织管理方面要求教师重点抓好班级纪律，规范学生的行为，特别是大班额班级，更要加强班级纪律的落实。一段时间之后，班风、学风明显好转，学生的行为习惯在同学的相互监督和自我约束下也渐渐规范，班级各方面秩序井然，为学校构建高效课堂、和谐课堂、灵动课堂提供了保障。

（二）细化分工，逐层管理

在大班额班级中，无论是班级管理、课堂导学、课后辅导方面，还是培养学生兴趣爱好方面，教师都不可能面面俱到，这就给班级的过程管理和学校学期班级评估带来了问题。如何在有限的时间内把班级过程管理做得更好呢？教师要发挥班级成员的力量，对班级学生合理分工，细化分工，不让每一个学生闲着，让他们都能亲身参与，主动提高。培养班级骨干力量，教师管班干部，班干部管其他成员；教师管学习小组，小组管组内学员。了解学生学情，发挥学生个性特长，在班级学习园地、班级墙报、小组合作学习展示窗口、卫生体育活动等方面，让班级学生做到人人有事做，事事有人管。合理分工，细化分工，逐层管理，既发展了学生，也抓好了班级建设。

（三）完善体制，一以贯之

班级建设要以《小学生日常行为规范》《中小学生守则》规范学生行为，使学生养成良好的行为习惯。开展丰富多彩的活动，培养学生爱自己、爱家（父母）、爱祖国的情感，让学生学会欣赏、学会感恩、学会尊重、学会宽容。完善班级评价体制、奖惩机制，及时收集班级建设信息，及时反馈，表扬和批评要及时、适时、恰当。教师要从自身做起，一以贯之，在班级建设过程中给学生树立榜样。

（四）合理搭配，共同成长

在规范班级管理的同时，教师务必抓好合作学习小组的建设。首先培养能做事、会做事、敢管事的小组长；其次要了解学生学前教育情况、家庭背景、学习习惯、智力状况、个性差异等因素，认真进行分析，合理搭配小组成员，以便更好地开展组内互助合作学习，使学生共同发展、和谐相处、健康成长。

（五）优化教学方法和手段

大班额班级教学无论在课堂导学还是课后辅导方面，教师都无法做到面面俱到。这就需要教师优化课堂导学方法，教给学生学习方法，使他们学会合作、学会交流、学会欣赏、学会倾听、学会表达；运用先进的课堂导学辅助手段，形象直观地表达导学内容，高效利用课堂导学时间。在大班额班级课堂导学过程中，教师要少导多评，少导多练，力求使学生主动参与，将自主与合作结合。

学校高效课堂构建非一朝一夕之功，不能一蹴而就，它是一个系统工程、持久过程。我们要用辩证的态度、发展的眼光、科学的观点去对待，不要狭隘地只看分数、成绩，要关注学生的发展和个性特长的发挥，为学生的终身发展、健康成长奠定坚实的基础。

怎样正确使用导学案

威信县水田镇龙洞小学　林　奎

我校“两步八环节”教学模式正在实践中，作为高效课堂的校本研究教材——导学案，可以说是此教学模式腾飞的翅膀，是学生思维发展的平台，是教师课堂教学的好帮手。正确使用导学案是“两步八环节”教学模式取得成功不可缺少的因素。但目前，部分教师在使用导学案的过程中存在着误区。误区一：脱节使用，即没有严格按照“两步八环节”课堂教学模式使用导学案，出现导学案和课堂连接不起来，知识零乱，学生无法把握。误区二：孤立使用，即把导学案当课堂练习册使用，不与课本有机整合。误区三：按部就班使用，即按老路子搬救兵，没有创造性、发现性地使用。这些误区同时也体现了教师心中无备案，认为拿着导学案就可以上好课了。

导学案是我镇教师为学生设计的有学习目标、学习重难点、学生互动内容和学习方法流程的学习方案，其间渗透了“两步八环节”高效课堂教学模式，是培养学生自主学习和构建知识能力的一种重要媒介，同时也为教师的“教”起到了“导”的作用。在此浅谈几点使用体会。

（一）导学案的使用要与“两步”课堂紧密结合

我校自编使用的导学案分为探究学习部分和预习引领部分。预习引领是为新课做准备的，是课内高效学习的起点。每一节新课都源于预习引领，教师引领学生的课中预习和课后自主预习成功与否，直接关系到课内高效教学能否实现。如果学生对课前的预习不清楚，甚至不知道下一节课要学什么、怎样学，那么，教师在课中就难以引导。所以说，正确引导学生完成预习是成功使用导学案的关键。预习和新课展示环环相扣，师生才能做到胸有成竹。教师引导学生预习时要进行目标解读，重在方法指导，而不是把预习内容上成新课。下一新课的内容，学生不能当作练习一样去完成。这样一来，导学案上的学习任务就“活”起来了。所以，有效运用导学案，践行“两步八环节”教学模式，才能尽显导学案的风采。

（二）导学案的使用要与课本和评价相结合

任何知识的生成都不是孤立的。课本是导学案的根源，这就决定了导学案不能孤立地使用。六年级语文上册《草原》一课导学案中有这样一个学习任务：读了课文，你知道草原美在哪里？如果脱离了课本，学生的回答可能是“一望无际，有羊群，有小丘……”。如果把学生引入课本情境中来，就不会是这般肤浅的认识，学生会从体会入手，回答：“在天底下，一碧千里，而并不茫茫。”即“草原辽阔无垠，一片绿色，但并不空洞，绿得实在，绿得动人，充满了生命的灵动”，知识也由此拓展。所以，导学案上的学习任务不是简单的一问一答，而是要使学生走进课本，这就是导学案的价值体现。随着知识的延伸，教师在使用导学案时还要采用多元评价，这样不仅可以激发学生的学习兴趣，保持学生的学习热情，促进学生的积极思考，而且可以对学生在知识上、方法上、能力上的偏差及时给予引导。与此同时，学生会在适时、恰当的评价鼓励下主动思考新知识、讨论重难点，思考解答问题、寻找规律等。在多元评价下，知识点随之延伸、拓展，真正将导学案变成了学生课堂展示的小剧本。

（三）导学案的使用要灵活，并与学生实际相结合

部分教师认为导学案只适用于编写导学案的教师，其他教师使用起来会很困难。我不这样认为，因为导学案的使用要从“导”和“学”上下功夫。“导”是指导、点拨、引导；“学”不是讲，更不是教，而是以学生为出发点和归宿的自主学习。导学案是教师教学中的参考，是学生获取知识的阵地。导学案是否适合教师不重要，重要的是教师根据导学案怎样引导

学生去寻求学习的出发点和归宿。导学案不是课堂练习册，不是课本，而是学生学习的方案。在使用的过程中，教师不能让导学案牵着鼻子走，而要在课前做充分准备，要“备”得有深度和广度，课中的重难点如何“导”出来值得教师深思，值得细心一“备”。教师要具备良好的驾驭导学案的能力，并能结合学生实际，适当地对导学案进行删减、增补，而不是照搬、照讲。无论是谁编写的导学案，教师用后都要及时进行反思、总结、修改、完善，做到有发现、有创新。

总之，导学案的使用要结合学情去展开，尽量避免生搬硬套地使用，教学中力求做到“一课一案”，这样就能达到“课课清，日日结”的高效目标。

“两位数减一位数退位减法”导学案设计

威信县水田镇水田小学　郑　燚

（一）教学内容

人教版小学数学一年级下册第六单元“两位数减一位数退位减法”。

（二）教学设计说明

本课的口算内容是在学生已系统掌握了整十数加减整十数、两位数加一位数和整十数的基础上进行教学的。本节课既是前面加减法知识的进一步发展，又是进一步学习两位数减两位数的基础。教学两位数减一位数的退位减法既是本节教学的重点，也是难点。教材呈现给学生的是一幅“借足球”的情境图，分三个层次编排：第一个层次是引入层次，要求学生从实际情境中抽象出数学问题。第二个层次是列式并计算的层次，要求学生动手操作，理解算理，探索算法，这是重点教学的层次。教材在此呈现了两种算法，左边的算法是“破十法”，由前面的教学迁移而来，便于学生理解“退位”的道理；右边的算法是用数的组成和20以内的退位减法计算，类似于竖式口算，既突出了退位，又为后续学习做了铺垫。第三个层次是对照小棒直观图，整理并交流口算方法，在算式下面标注口算过程，算出得数，实现由具体到抽象的过渡。

在备课时，我认真按照我镇的“两步八环节”教学模式设计了导学案。由于之前已经带领学生进行了预习，考虑到学生可能会厌倦，于是我重新设计了购物情境，与学生的生活实际紧密联系起来，为学生提供学习材料，让学生通过活动联系生活实际学习新知，让学生感受到数学源于生活，数学可以用于生活。教学中，我采用分层教学，整个学习过程都是学生在小组合作研究、探索中完成，通过多种形式的练习加以巩固，注重学习过程的开放。通过小组合作，培养学生善于发表自己的观点、倾听同学的意见的能力，以及提出问题、解决问题的能力。

（三）导学案设计

<table>
<tr><td>科目</td><td>数学</td><td>年级</td><td>一年级</td><td>册次</td><td>下册</td><td colspan="2">训练主题</td><td>用心听算</td></tr>
<tr><td>课题</td><td colspan="4">两位数减一位数退位减法</td><td>课型</td><td>新知探究</td><td>课时</td><td>第 2 课时</td></tr>
<tr><td>学习目标</td><td colspan="8">1. 我要学会两位数减一位数退位减法的口算方法。
2. 我能正确地进行计算。</td></tr>
<tr><td>学习重点难点</td><td colspan="8">学会两位数减一位数退位减法的口算方法。</td></tr>
</table>

（续表）

学习过程	温馨提示	设计意图
（一）目标再现 1. 口算 12－5＝　　1－7＝　　60－20＝ 35－2＝　　8－4＝　　46－9＝ （由 46－9 过渡，板书课题，揭示目标，解读目标。）	解读目标：你知道这节课要做什么？	知识迁移，引发冲突，让学生明确学习任务，激发求知欲。
（二）学情展示 同桌互相检查预习情况，教师巡视。	根据你预习的情况，相信自己！把你认为分享给同伴！	
（三）合作探究 1. 小红有 46 元钱，星星商店的文具盒 8 元一个，小红买一个文具盒，应找回多少钱？ （1）要求：自主完成，同桌交流自己的算法。推荐发言。 （2）指导小组合作学习计算方法。 要求：每个学生轮流说说自己的方法，把话说清楚。由一个人记录方法。 2. 计算 30－6 的结果。	你能自己开动脑筋，想办法计算出这道题吗？可以用小棒摆一摆。 这道题可以先算什么？再算什么？	相信学生的创造力是无穷的，尊重学生，张扬学生的个性，发散学生的思维，培养学生的倾听习惯。明确合作的任务，鼓励学生采用多样算法，培养学生的听说能力。
（四）课堂检测 1. 教材第 71 页第 5 题。 学生先独立完成，再在小组内说说自己的算法，集体订正。 2. 第 72 页第 6 题。 同桌分享，说说计算的结果是否正确。	0 减 6 不够减，先算什么？再算什么？ 相信你自己，请说说错在哪里，帮忙改过来。	
（五）课堂小结 这节课我们学习了哪些内容？你有什么收获？在全班分享。	学生自由谈。	
（六）预习目标 尝试计算带有小括号的两步混合运算。 预习内容：教材第 74 页例 3 和“做一做”。重点带领学生利用情境图观察，再说一说。	指导预习。	预习是开启下节课的钥匙，让学生在尝试中产生好奇心，引发认知的冲突，使学生在急于寻找正确答案的同时探究新的学习内容。
（七）指导尝试 做一做：说一说下面各题应先算什么，再计算。 12－5＋4＝　　4－9－3＝ 12－（5＋4）＝　　14－（9－3）＝ （八）课后延伸 先计算，再比较下面两个算式有什么特点，你还发现了什么？ 12－5－3＝ 12－（5＋3）＝	指导尝试，在小组内交流。	

（四）教学反思

本节课在合作探究环节应注重引导学生动手操作，探索计算方法。通过对比使学生在认知上产生冲突，突出“退位减法中如何退位”这一难点，让学生建立知识间的联系。同时，通过引导学生进行操作、交流、讨论、汇报反馈等活动，让他们成为学习的主人。教师应给学生多提供自主探究的空间，尊重学生的个性发展，让学生体验到成功的喜悦；鼓励学生自主发现，通过一个充满探究和自主体验的过程，使学生体验到数学题算法的多样化；增强学生学好数学的自信心，使学生的创造性思维得到很好的培养。

“两步八环节”高效课堂教学设计

威信县水田镇水田小学　邵珠碧

追求高质量、高效率的课堂，是威信县水田镇中心学校组织实施“两步八环节”教学模式的最核心的内容。高质量、高效率就是要求教师做到激趣引导得当，让学生在轻松、愉快的氛围中通过自主学习、合作学习等多种学习方式获取知识，真正把课堂还给学生，让学生成为课堂的小主人。一个好的课堂教学设计并不能保证上出好课，但不好的课堂教学设计根本无法上出好课。本文以人教版小学一年级下册数学第六单元的“同数连加解决问题”的导学案为例，按照“两步八环节”教学模式编写教学设计。本课是在学生已经学习了同数连加计算方法的基础上进行教学的，为以后学生学习乘法做了铺垫。按照“两步八环节”教学模式，编写这篇完整的教学设计必须具备以下几个部分。

1. 目标再现

学习目标要明确，从学生已有的知识和经验出发，围绕课文题目以及相关知识点确定学习目标；学习目标要简明，必须突出教学的重难点，学生读了后能清楚本节课要完成的学习任务，设计时要确保本环节在1分钟左右完成。例如，“同数连加解决问题”的学习目标是，学会用同数连加的方法解决问题。目标要明确，简单易懂。

2. 学情展示

学情展示是对学生预习情况的检查及汇报展示，学生可以在学情展示中展示自己的学习所得，教师在前一节课通过提示预习方法，指导学生预习下一节课的新知识。学生通过各种学习方式初步学习新知识后，教师布置学生需要自主完成的作业。学情展示中要设计难度较小的问题，要考虑学生的知识层次，让学生能够通过自学自主完成。这个环节要让学生把学到的方法、结论运用到实践之中，让每个学生都感受到学习成功的喜悦。这是面向全体学生的展示，在展示交流中发现新问题，在不断质疑和修正的基础上初步形成解决问题的方法。这一环节主要培养学生自主学习的习惯。

例如，“同数连加解决问题”的学情展示中的问题，主要培养学生认真预习的良好习惯。

（1）计算 3+3+3 和 4+4+4 的结果。

（2）两只小白兔一起吃胡萝卜，每只小白兔吃了 3 个，它们一共吃了几个胡萝卜？

3. 合作探究

合作探究是一节课的核心部分，即该节课的教学重难点。在设计这部分内容时，要站在学生的角度思考问题、研究问题，设计一个完整、真实的问题情境。以此为支撑启动教学，要以“猜想—验证—结论—应用”为主线，使学生产生学习需求。思维的发展和能力的培养是教学的落脚点，因此，设计的问题要有探究价值和探究意义，有助于培养学生的知识和能力。设计的问题要精，要有一定梯度，让所有学生都能参与其中，对有难度的问题要进行深层次学习，实现二次升华。学生在动手操作中探究、发现、解决问题。教师要让学生自主参与，并关注学生学习过程的体验。

例如，在“同数连加解决问题”的教学中，学生要合作探究以下问题。

3 个学生一起折小星星，每人折了 6 个，他们一共折了多少个小星星？

方法一：6+6+6=？

方法二：

人数	1	2	3
星星数量	6	12	18

方法三：画图、摆东西……用自己喜欢的方法尝试。

对于合作探究的问题，设计时要体现解决问题方法的多样性，重点培养学生动手操作和动脑思考的好习惯。

4. 课堂检测

课堂检测是为了巩固本课所学的知识，了解学生对新知识的学习情况。课堂检测的设计要指向核心概念，依据学习目标精心设计不同层次的问题，重视提升学生的思维能力，让所有学生都学有所获，体会成功的喜悦。课堂检测也要设计难度较大的问题，使所学知识在运用中得到巩固、内化和发展。要重视学习策略意识的培养，让学生学会多角度、多策略、简洁而巧妙地解决问题。

例如，“同数连加解决问题”的课堂检测题有两道。

（1）完成课本第 77 页的“做一做”。

（2）一盒圆珠笔 12 支，3 盒圆珠笔多少支？

5. 课堂小结

课堂小结主要是引导学生将所学的知识串联起来，把知识梳理成线，形成网络；同时还要对学生的学习过程、学习方法、小组讨论发言等进行总结。例如，“同数连加解决问题”的课堂总结是，学会用同数连加、列表解答、画图等不同的方法解决问题。

6. 预习目标

预习目标是下一节课要学习的知识，教师要围绕新知识设计目标，要考虑学生已有的知识和经验，并提示预习方法。教师要遵循“目标知识化、知识问题化、问题探究化、探究层次化”的原则，以利于学生探究，预习目标要具有可操作性。例如，“同数连加解决问题”的预习目标是，初步学习用连减的方法解决问题。

7. 指导尝试

指导尝试的设计要细而准，设计的内容要确保实现知识的迁移，让学生在原有知识的基础上过渡到新知识的学习上来。教师要指出明确的预习方法，让每个学生基本掌握预习方法后，通过自主学习、合作学习等预习新知识。如果教师的讲解不到位，学生在自主预习的时候就没有方向感，就会不知所措。

例如，“同数连加解决问题”的指导尝试要解决以下问题。

(1) 计算 11－4－4 和 25－8－8 的结果。

(2) 有 20 个苹果，6 个装一袋，可以装几袋？

(3) 预习课本第 78 页的例 5 和“做一做”，初步学习用连减的方法解决问题。

8. 课后延伸

课后延伸是根据设计的问题让学生课后互相学习，通过询问、查阅资料等方法获取知识。设计这一环节的问题要根据学生的实际情况，让学生在有限的环境中询问、查阅资料。这一环节有利于学生养成积累知识、自主学习和合作学习等习惯。例如，“同数连加解决问题”的课后延伸问题是，编写一道能用同数连加的方法进行计算的问题。

威信县水田乡中心学校一年级数学（下册）导学案

<table>
<tr><td>主备教师</td><td>邵珠碧</td><td>单元</td><td colspan="4">第六单元</td></tr>
<tr><td>课题</td><td colspan="2">同数连加解决问题</td><td>课型</td><td>新知探究</td><td>课时</td><td>第 4 课时</td></tr>
<tr><td>学习目标</td><td colspan="6">学会用同数连加的方法解决问题。</td></tr>
<tr><td>学习重难点</td><td colspan="6">用同数连加的方法解决问题。</td></tr>
</table>

（续表）

<table>
<tr><th>学习过程</th><th>温馨点拨</th><th>设计意图</th></tr>
<tr><td>1. 目标再现
2. 学情展示
（1）计算 3+3+3 和 4+4+4 的结果。
（2）两只小白兔一起吃胡萝卜，每只小白兔吃了 3 个，它们一共吃了几个胡萝卜？</td><td>认真读题，细心计算。</td><td>主要是培养学生认真预习的良好习惯。</td></tr>
<tr><td>3. 合作探究
3 个学生一起折小星星，每人折了 6 个，他们一共折了多少个小星星？
方法一：6+6+6=？
方法二：<table><tr><td>人数</td><td>1</td><td>2</td><td>3</td></tr><tr><td>星星数量</td><td>6</td><td>12</td><td>18</td></tr></table>方法三：画图、摆东西……用自己喜欢的方法尝试。</td><td>先用自己容易理解的语言变换叙述的方式。明白已知条件和相应的问题。</td><td>培养学生勤动手和勤动脑的好习惯。</td></tr>
<tr><td>4. 课堂检测
（1）完成课本第 77 页的“做一做”。
（2）一盒圆珠笔 12 支，3 盒圆珠笔多少支？
5. 课堂小结
学会了用同数连加、列表解答、画图等不同的方法解决问题。
6. 预习目标
初步学习用连减的方法解决问题。</td><td>可以在练习本上画星星，也可以用小棒代替星星摆一摆，数一数。</td><td>体现解决问题方法的多样性。</td></tr>
<tr><td>7. 指导尝试
（1）计算 11−4−4 和 25−8−8 的结果。
（2）有 20 个苹果，6 个装一袋，可以装几袋？
（3）预习课本第 78 页的例 5 和“做一做”，初步学习用连减的方法解决问题。
8. 课后延伸
编写一道能用同数连加的方法进行计算的问题。</td><td>可以 6 个小棒分一堆，数一数。还可以通过画图、列算式、画表格或其他方式表示。</td><td>初步学习用连减的方法解决问题。为学习新知做铺垫。</td></tr>
</table>

科学探究从这里开始
——“假设”教学设计

威信县水田镇水田小学　郑　燚

（一）教学内容

苏教版小学科学六年级上册第五单元第一课“假设”。

（二）设计思路

科学探究是科学学习的核心，假设是科学探究的重要组成部分。本课教学设计中，我尝试对教材资源进行挖掘，把什么是假设、尝试提出假设、假设与事实的关系、认识假设的价值、对现象和原因的分析性假设方法进行了有机串联。本课是在学生已经在数学课上学习了“用假设的策略解决问题”并积累了一定的生活经验和科学知识的基础上进行教学的。在设计活动时，我努力做到活动设计具有开放性：研究世界地图，不仅可以拓展学生的知识面，更可以让学生体验假设在自然科学史上的价值，受到科学的熏陶；关于恐龙的种种假设，学生的研究兴趣浓厚，但这又是无法通过实验验证的，因此把这一探究活动放到课后研究，使学生的实验探究活动不再局限于课堂四十分钟，把课内与课外、校内与校外紧密结合起来，为学生提供充足的研究时间和空间。

（三）教学目标

1. 过程与方法

创设情境，让学生能够提出自己的假设；知道假设是要有依据的，是需要验证的。

2. 知识与技能

知道什么是假设，能对一些常见现象提出自己的假设；知道假设是科学研究过程中的重要环节；知道假设在科学研究中的价值。

3. 情感态度与价值观

让学生意识到假设是解决问题、进行科学研究的一个重要途径；通过经历提出假设、验证假设的过程，感受成功的快乐。

（四）教学重难点

学生能在自身生活体验和知识储备的基础上提出有思想性的假设，并围绕假设进行有目的的实验研究。

（五）教学过程

1. 数学导入

（1）出示一道需要用假设的策略解决问题的应用题。

（2）激发思考：这道题老师解答得对吗？是分几个步骤完成的？

（3）学生交流回答。

（4）引导学生分析并小结：首先读懂问题，然后假设问题成立，再根据已知条件列出等式，计算等式，验证，最后得出结论。板书：问题提出—假设—检验假设与已知条件有无矛盾—得出结论。

（5）这就是用假设的策略解决问题。在数学学习中可以这样思考，在科学探究活动中我们也可以这样思考。

2. 提出假设

（1）出示“三棵树”的故事场景，了解三棵树的不同生长情况。

（2）引导学生观察周围环境，思考问题：图中最右边的树的叶子枯黄、凋落了，中间一棵树也出现问题了，只有最左边的一棵树还是郁郁葱葱的。怎么会这样呢？你是怎么想的？为什么你会这么想？

（3）小组讨论，组内成员合作填写分析报告。

出现这种现象的可能原因	我这样想的依据

（4）交流分析报告，各小组推荐代表交流各自提出的假设及依据。

（5）归纳整理学生提出的各种假设，并以醒目的形式出示各种假设。

（6）小结：刚才我们对操场边上的树为什么叶子枯黄、凋落发表了自己的观点，谈了自己的看法，这些对问题答案的猜测过程就是科学研究上的假设。“有害虫”“老死的”……这些都是对问题答案的猜测，猜测就是一种假设。

（7）揭示研究课题：假设。

（8）教师引导：对于假设，我们并不陌生。日常生活中，我们经常会对各种事情做出假设。比如，今天王小明同学没有来学校上学，可能是什么情况呢？（鼓励学生大胆发表自己的意见，交流假设）

（9）讨论小结：假设往往是根据已有的经验、知识和观察结果等提出来的。

3. 认识假设的价值

（1）过渡：提出假设是科学探究中一个非常重要的过程。科学史上，很多重要的结论都是从提出假设开始的。

（2）出示世界地图。提问：当你看到这幅世界地图时，你能够发现什么？仔细观察地球表面的形状，你可以大胆地提出一个假设吗？

（3）利用多媒体教学手段讲述德国科学家魏格纳的故事（片段），介绍魏格纳的身份及他提出的大胆假设。提问：魏格纳提出的假设合理吗？

（4）操作活动：教师为各小组提供彩色卡纸印刷的世界地图，组内合作把南美大陆东海岸的凸出部位与非洲西部的凹进部位剪一剪，拼一拼。

（5）交流：你发现了什么？这可以说明什么？你可以提出什么假设？

(6) 继续利用多媒体教学手段介绍魏格纳提出的大陆漂移学说。

(7) 交流讨论：这么重大的发现的起源也是假设，从这件事情上你得到了什么启示呢？

(8) 小结：科学史上许多重大的发现与发明都源于假设，假设是科学探究的第一步。提出一个假设在科学研究过程中是多么重要啊！

4. 认识经验对假设的影响

(1) 假设仅仅是对问题答案的猜测。事物的发展是复杂的，是不以我们的个人意志为转移的。有些时候，事情的结果可能并不在我们提出的任何一个假设之内。

(2) 提问：老师这里有两个实验，你能做出合理的假设吗？

① 把一张纸和一块橡皮同时从高处丢下，猜猜看，哪个先落地？

② 用同样的两张纸，把其中一张揉成团，同时从高处丢下，谁先落地？

(3) 组织讨论，提出假设，交流呈现几种主要猜测。

(4) 引导：要想知道自己提出的假设是否正确，我们应该怎么办呢？(一定要经过亲自实验或动手收集有关证据进行验证)

(5) 学生分组做实验，观察实验现象，验证自己的假设。

(6) 填写实验活动记录表，记录自己的思维过程。

实验项目	假设	假设的依据	实验结果
同时从高处丢下一张纸和一块橡皮			
同时从高处丢下一张纸和一个纸团			

(7) 思考、讨论：自己的假设正确吗？导致实验结果的原因是什么？

(8) 小结：经验是一笔宝贵的财富，能够指导我们认识很多未知的事物，但有时候经验会束缚我们的思维，造成假象。

(9) 拓展活动：刚才我们对几棵树进行了假设，你打算用什么办法来证实？

5. 收集关于恐龙灭绝的假设的资料

（1）引导：同学们去过恐龙园吧？恐龙生活在几千万年前，它们曾经是这个地球的主人，可现在我们再也找不到它们的踪影了。关于恐龙是怎么灭绝的，很多人提出了不同的假设，你知道吗？（学生广泛发表意见，提出自己的观点）

（2）提问：关于恐龙灭绝的原因有种种假设，这些假设是否成立呢？我们不可能运用实验的方法来研究恐龙灭绝的原因，那该怎么办呢？（启发学生明白科学家通过收集资料，寻找恐龙化石，同样可以验证假设）请同学们课后查找资料，完成一篇关于恐龙灭绝的原因的研究报告。

（六）教学反思

小学科学课程标准指出，科学学习要以探究为核心。探究既是科学学习的目标，又是科学学习的方式。一个个科学探究活动可以使学生体验到探究的乐趣，促进科学素养的形成。在课堂实验教学中落实探究理念是科学学科改革的关键。小学生对自然事物有着与生俱来的好奇心，而这种好奇心恰恰是进行科学探究的起点和原动力。他们对所接触的事物充满兴趣，探究的范围不仅广泛，而且他们能利用感官、工具和各种方法来对世界进行深入的探究。精心呵护和培养学生的好奇心有利于促进学生对身边事物的观察，并发现问题、提出问题，从而促进科学探究技能的形成。

激趣成就课堂，放手促进成长

——“长方体和正方体的体积”课堂实录

威信县水田镇水田小学　陈祥芳

2014年3月27日，山东教育发展战略研究室主任陈培瑞、上海方略教育集团的专家、昭通市教育局学校内涵发展项目负责人和威信县教育局领导一行来到我校指导课堂教学，目的是了解我校的“两步八环节”教学模式的开展情况。学校安排我上一节数学课，我执教的是人教版五年级下册“长方体和正方体的体积”一课，本节课的学习目标是：学会推导长方体和正方体的体积公式；运用长方体和正方体的体积公式进行计算。

这节课是下午第三节课，我看见学生有些疲倦，就用游戏的方式调动学生的积极性。预备铃声一响，学生快速进入教室，我就让他们结对检查学习用品是否准备齐全，然后与学生做起游戏来。我先介绍了游戏的名称和规则。游戏名称是复述；规则是教师快速说一句话，学生在最短的时间里抢先复述出这句话，能准确复述就给小组加5分。上课铃声响后，游戏开始。我快速说出：“参与就能快乐，自信就能成功，相信自己，我是最棒的!”学生听后，争先恐后地想发言。一个学生高高地举起了他的小手，张口就说，但只说对一半，就忘记了后面的内容；一个学生也想为小组争荣誉，结果站起来什么也不记得了。我看在眼里，于是对他们说：“看来你们还没有养成倾听的习惯，下面老师再来说一遍，看谁记得又快又准。”这时学生个个竖起自己的耳朵，我快速说了刚才那句话。学生又高高举起了小手，我发现有个女生举手最快，就让她回答，她站起来说得很准确，为本组赢得了5分。其他学生看见了，露出了遗憾的表情，我灵机一动，又给学生一个机会，让他们当“小老师”，也来考考老师和同学的复述能力，在师生、生生简短的交流和评价中，课前热身结束，学生的激情也被调动了起来。我问学生：“本节课学习的内容是什么？”学生说出后，我快速板书课文题目，让学生闭上眼睛想想长方体和正方体的特征。这样做既使学生有事做，又为本节课的教学做了铺垫。

下面就是我利用“两步八环节”教学模式授课的课堂实录。

1. 目标再现

（学生齐读学习目标，一个学生解读学习目标。）

师：各组组长把你们准备好的学具拿出来，在组内摆一摆、数一数、填一填吧！

2. 学情展示

我让各组组长把准备的学具拿出来，在组内摆一摆、数一数、填一填。组长安排小组成员摆、数、填，展示汇报和纠错评价。我巡视指导，看见学生组内展示完毕，就让学生在班内展示，展示时要讲清理由，我根据学生的汇报情况填写小黑板上的表格。通过这种学习方式，很好地检测了学生的课前预习情况，为接下来的学生学习和教师导学做了积极准备。

3. 合作探究

师：大家通过摆、数、填知道了长方体和正方体的体积。如果没有学具，我们怎样计算长方体和正方体的体积呢？想一想长方体的体积与什么有关？正方体的体积又与什么有关呢？

（学生带着教师提出的问题在小组内进行激烈的讨论。）

师：下面就来汇报你们的讨论结果吧！

生1：我们经过小组讨论得到的答案是，如果用字母 V 表示长方体的体积，用 a、b、h 分别表示长方体的长、宽、高，那么长方体的体积公式用字母表示可以写成 $V=abh$。

师：用文字怎样表示呢？

生1：用文字表示就是，长方体的体积＝长×宽×高。

（教师在评价表上为生1所在小组加分。）

师：下面哪个组来展示正方体的体积呢？

生2：下面由我来代表小组给大家展示正方体的体积，如果用字母V表示正方体的体积，用a表示它的棱长，那么正方体的体积公式用字母表示可以写成$V=aaa=a^3$，用文字表示就是，正方体的体积＝棱长×棱长×棱长。

师：同学们学得真好！公式知道了，你们会不会运用呢？下面请看导学案的课堂检测。

4. 课堂检测

师：同学们请看清题目，自己先做，做完后结对交流，然后再集体订正。

（学生单独做题。教师巡视，发现有学生完成了就指名两个学生在黑板上板演，其他学生讨论交流。板演完成后，两个学生向同学讲自己的做法。）

生1：下面由我读题目：一个长方体纸盒，长是6厘米，宽是4厘米，高是2厘米，它的体积是多少立方厘米？读完题目后，我知道了这个长方体纸盒的长宽高，要求它的体积，我就用6×4×2＝48（立方厘米）。因为长方体的体积公式是$V=abh$，它的体积是48立方厘米。

生2：读了题目后，我知道这是一块正方体石料，棱长是4分米，要求这块石料的体积是多少立方分米。我就用4×4×4＝64（立方分米），正方体的体积公式$V=a^3$，这块石料的体积是64立方分米。

生3：我要给他们提建议，应该先想公式，再列算式，这样才符合逻辑。

……

师：同学们说得真好，本节课大家学得很用心。同学们能把自己的收获先在小组内分享，两分钟后再在全班分享吗？

生：能。

（学生小组讨论2分钟。）

师：时间到，哪个同学起来在全班分享？

（学生高高举起自己的手，教师让一位多次举手的学生站起来展示。）

生4：下面我跟大家分享本节课我的收获，我通过在小组里摆、数、填的方法了解了长方体和正方体的体积，还总结出了长方体和正方体的体积公式。

生5：我补充，除了这些我还能说出他们的公式来：长方体的体积=长×宽×高，用字母表示是$V=abh$；正方体的体积=棱长×棱长×棱长，用字母表示是$V=a^3$。

生6：除了你们说的这些，我们还能运用公式解决数学问题。

……

师：本节课的内容大家掌握得很好，看到你们兴奋的样子，就知道你们还有很多话想说，课后再找你的同伴一起分享吧！为了让下节课的表现更精彩，我们进入预习引领环节。

5. 预习目标

师：同学们在本节课中对长方体和正方体的体积计算掌握得非常好，我们再来完成一个任务。在了解底面积的基础上，尝试把长方体和正方体的体积公式合二为一，这就是我们的预习目标。

6. 指导尝试

师：要完成这个预习任务，就尝试做下面几道题吧！同学们，请看导学案的尝试内容：什么是底面积？

（教师出示小黑板，小黑板上画了一个长方体和一个正方体，并将底面积涂上颜色。）

生：通过观察图形，知道了什么是底面积。

师：那现在知道了这个长方体底面的长和宽，怎样求它的底面积呢？知道了图上正方体的棱长，又怎样求这个正方体的底面积呢？大家动手试试吧！

（学生开始计算小黑板上两个图形的底面积。）

师：底面积算出来了，现在你们能将这两个图形的体积计算出来了吗？计算后比一比，看一看，是否可以用同一个公式计算它们的体积呢？再试试看，相信你们一定能行！

7. 课后延伸

师：同学们已经知道了根据底面积和高计算长方体的体积，那么，已知一个长方体横截面的面积和长，要求它的体积，又怎样求呢？这个问题应该难不倒你们吧！就等着看你们明天的表现了。

师：今天这节课同学们表现不错，下面我们来看哪个组获得了冠军。一起评出本节课的冠军组，并给予他们热烈的掌声表示祝贺。

第三篇

教学模式不固定，高效课堂是目标

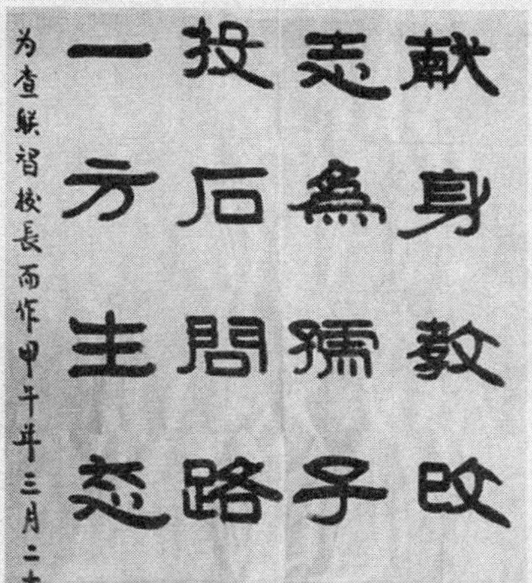

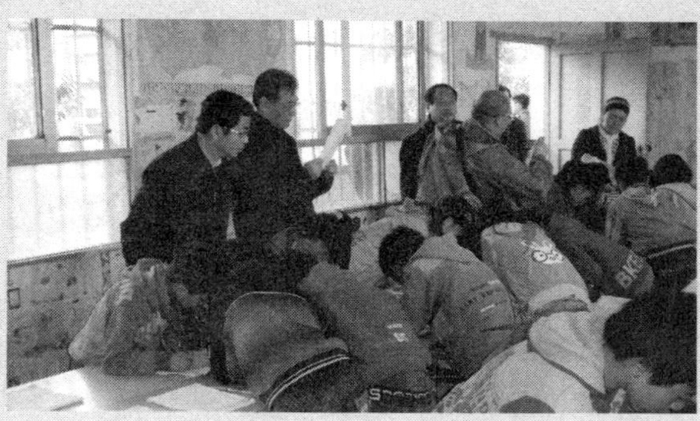

对农村小学构建高效课堂的认识

威信县水田镇水田小学　查联卫

《国家中长期教育改革和发展规划纲要（2010－2020年）》中指出，过重的课业负担严重损害青少年身心健康。减轻学生过重课业负担是全社会的共同责任，政府、学校、家庭、社会必须共同努力，标本兼治，综合治理。把减负落实到中小学教育全过程，促进学生生动活泼学习、健康快乐成长，是每位教师义不容辞的责任。课改倡导高效、减负，各级教育主管部门、各个学校都在探讨运用有效的教学模式来减轻学生课业负担，提高教学质量。但是，有些学校的高效课堂教学模式只研究不行动；有些学校有高效课堂教学模式，但教师不愿去实践操作；有些学校就算实践操作，也只是为了应付公开课、示范课，走形式、作秀而已。总的来说，就是教师不敢把课堂交给学生，担心学生不会学，学不好，进而影响自己的教学成绩。还有部分教师钻“减轻学生课业负担”的空子，不给学生布置作业，也不加强自身业务学习，而把更多的时间花在娱乐方面，导致教学质量下滑。

我校采用“两步八环节”教学模式进行课堂教学，使学生知识得到了提升，能力得到了锻炼，情感得到了陶冶。应该说，这种教学模式在我校已见雏形，且得到了领导的肯定。现在我想对构建高效课堂教学模式谈谈自己的看法。

（一）构建高效课堂，要加强对师资队伍的建设

要提升一个学校的教育质量，靠一个“教育家”是办不到的，需要打

造多个"教育家"。在教育这个行业中，有少数教师得过且过，崇拜金钱，崇拜名利，不去加强自己的业务建设，这样的教师是不称职的。为了贯彻《国家中长期教育改革和发展规划纲要（2010—2020年）》精神，我校以"两步八环节"教学模式构建高效课堂，建立有效的课堂教学模式，加强对教师的培养，全面提升教师的专业素质，最大限度地调动教师的积极性，为教师尤其是青年教师搭建学习平台。学校领导经常深入课堂，给教师关爱和信任，与教师沟通、交流，帮助教师解决教学中存在的困惑和问题，培养教师务实求新、追求卓越、永不言败的精神。另外，我校还拟定各项制度、考核方案等，鞭策教师进行教学实践，体验课改的好处。

（二）构建高效课堂，教师要善于学习，善于总结

要构建高效课堂，教师必须转变教学观念和教学方式。教学观念与教学方式的转变不会是一蹴而就的，必须在推进课堂教学改革的实践过程中不断学习和总结，进而转变自己的教学观念和教学方式。我校教师课后必须写教学反思，还要利用课余时间相互听课，甚至跨校听课；每星期镇里都要举行一次教研论坛，让教师在活动中各抒己见，取长补短，以达到共同进步的目的。我们要求教师在课堂上不要讲得过多，要精讲、精导，把课堂留给学生，逐步解决忽视学生情感、态度、价值观等现实问题。

在很多情况下，课堂的低效是教师对课标与课本的学习、研究不足造成的，而这又影响和制约着教师对课堂的驾驭能力，进而影响课堂教学效率。所以作为教师，我们既应加强对课本的解读和对课标的学习，又要注重对导学案的研究。

（三）构建高效课堂，学生要做课堂学习的主人

构建高效课堂，应该关注学生的主体地位，做到以学生为中心，使学生真正成为课堂学习的主人。

高效课堂绝不是"一言堂"，而应是"群言堂"。教师必须调动学生的积极性和参与意识，让每个学生都参与到学习中，这就要求教师在教学过程中要尽量让学生多合作、多探究。教师应该在熟练掌握文本、学情的前

提下，设计有意义、有价值的问题，引导学生进行讨论探究，对学生的探究结果不强求一致，重在让学生提出自己的见解，教师点拨的重点也不是引向一个标准的答案，而在于从学生的探究中发现有价值的问题。教师要对不善于发言的学生进行引导与鼓励，对学生不恰当的观点进行必要的纠正；要鼓励学生勇于突破传统思维方式，大胆创新，敢于表达自己的见解；要善于听取学生的意见，根据课堂实际灵活调整教学过程，以达到师生在课堂上互相交流、共同发展的目的。

利用“两步八环节”教学模式构建高效课堂，开始是辛酸的、艰苦的，很多教师担心学生成绩下降影响自己的切身利益，也有教师因为自身教育观念与该模式有所不同而对这种模式有抵触情绪。对此水田镇中心学校改革考核制度，对教师进行鼓励，以促进全镇教师运用“两步八环节”教学模式进行教学，将课堂大胆地交给学生，通过一段时间的实践取得了比较满意的成绩。曾经有其他学校的教师来我校听课，听课后说出这样的感言：“你们实行这样的课堂导学，是学生的福气；学生来这样的学校就读，是他们的造化。”

教育公平是社会公平的重要基础。我认为，将课堂交给学生，教师在课堂上尽量将时间留给学生去探究知识，对于学生来说也是教育公平的一种体现。

高效课堂重在转变

威信县水田镇龙洞小学　林　潇

所谓高效课堂，就是课堂教学不仅要激发学生的学习兴趣，还要激起学生与学生、学生与教师之间的互动激情，也就是课堂 40 分钟既要质量又要效率。我镇推行“两步八环节”教学模式几年来已初见成效，但还需继续努力。

（一）思想观念的转变

我们的教育思想、教育目的，以前大都是如何提高学生的成绩，几乎很少考虑通过课堂教学来培养学生的各种能力，促进学生的成长和发展，很少考虑要把学生培养成什么样的人。结果我们陷入了应试教育的深渊而不能自拔：教师争分夺秒、加班加点、反反复复讲，生怕漏掉了某个知识点；学生被“困”在教室里，忍受着 40 分钟的煎熬，苦等下课铃声，课后还要面对无休止的作业。学生不会的依然不会，于是教师重复讲授不可避免。我们的教学就这样日复一日、年复一年，低效地进行着。

以前我们认为，能让学生考出好成绩的教学模式就是最好的，教学不就是教师教知识、学生接受知识吗？所以在我们提出以“两步八环节”教学模式打造高效课堂时，很多教师出现了抵触情绪。这使我们认识到，我们要从根本上去转变自己的思想观念，才能有效实行“两步八环节”教学模式。经过几年的实践，我们已慢慢接受了“两步八环节”教学模式，教师不累了，学生的成绩也提高了。

（二）角色的转换

在传统课堂中，学生是被动的，偶尔有机会发言，也必须在教师允许的情况下。传统课堂禁锢了学生的思想，压抑了学生的个性。“两步八环节”教学模式就是要把学生从传统教育的束缚中解放出来，教师由知识的传授者变成学生学习的促进者，做学生成长的推手。我们通过让学生提问来组织教学，引导学生积极参与、主动探索，为学生创造动脑、动口、动手的机会，让学生通过平等交流培养独立思考问题、解决问题的能力，从而发挥学生的主体作用。学生由被动的接受变为主动的要学，学习效果自然就提高了。在学生合作学习的过程中，教师的任务就是当好引导者，对学生进行适当的引导、点拨，让学生知道他们才是学习的主体、学习的主人。

我们在实施“两步八环节”教学模式之初，当学生回答不出来问题时，有些教师总是忍不住帮学生回答，生怕他们说偏了、说错了，浪费课堂教学时间。针对这种情况，我们采用让学生抢答、补充的方法来“控制”教师的“代替回答”，即当一个问题提出来时，学生可以在第一时间抢答，当有学生答不出来或答得不完整时，其他同学要主动、及时为他补充，要抢在教师前面说。而我们教师也要时时提醒自己，我们是导演，学生才是主角，课堂是学生的舞台。当然，也不是每个问题都让学生自由抢答，一些简单的问题，教师可以请学困生回答，让他们感受到成功的喜悦，从而树立自信，激发兴趣。这样一来，教师和学生的角色也就慢慢转变了。

（三）以教为中心向以学为中心的转变

传统课堂是教师展示的舞台，而高效课堂是学生自主展示的平台。高效课堂的导学案改变了传统课堂以教定学的方式，在教学过程中，不再是学生配合教师完成教学任务，而是学生借助导学案去主动学习。教师配合学生完成学习任务，学生在主动学习过程中理解知识、掌握知识、运用知识、形成能力。在学习过程中，每个学生对知识的理解有所不同，就会产生不同的想法与观点，进而在小组内、课堂上产生知识碰撞，从而达到学业相长的教学目的。萧伯纳说过："如果你有一个苹果，我有一个苹果，彼此交换，我们每个人仍只有一个苹果；如果你有一种思想，我有一种思想，彼此交换，我们每个人就有了两种思想。"学生认识问题、解决问题的方法多种多样，甚至有些方法比教师的方法还好，师生互动交流，就能达到教学相长的目的。在传统课堂上，通常都是教师一个人在讲，教师讲得精疲力尽，学生听得昏昏欲睡，课堂教学效率低下。而高效课堂主张教师少讲，多让学生合作、探究。在自学过程中，学生有不明白的问题可以通过同桌讨论来解决；同桌讨论解决不了的问题由小组合作解决；小组合作解决不了的问题由全班讨论解决；而全班讨论解决不了的问题可以由教师引导学生解决。这样教师就真正做到了精讲，学生也真正成为学习的主人。

导学案是教师根据教学内容、学习目标，依据学生的认知水平、知识经验，为指导学生进行主动获取新知而编写的学习方案。导学案旨在指导学生自学，培养学生自主学习的能力。导学案是学生学习的"路线图""指南针""方向盘"。2011 年，我们有幸到山东省杜郎口中学和河南省安阳市殷都区两所小学学习，回来后就开始构思我们自己的导学案，水田镇中心学校多次召集学科带头人和骨干教师进行研讨，反复实践，初步确定了适合我们自己的导学案模式。确定了导学案模式后，开始分组、分学科、分年级编写导学案，并运用到全镇的课堂教学中，由使用的教师提出修改意见和建议，再进行修改，最后形成了具有我们自己特色的、以学为中心的导学案。

（四）学生展示的转变

所谓展示，就是学生在自学、合作学习的基础上，将自己或本组的探究结果以简洁生动的方式展示出来。课堂应成为学生展示的舞台，学优生在展示中感受成功，在不断地表扬中成长起来；学困生在展示中暴露不足，从而取长补短，奋力追赶，不断进步。通过展示，学生能体会到成功感，能调动非智力因素，激发学习欲望。展示形式应丰富多彩，体现学生个性，展其所长。展示的内容也不再只是以往的问题的答案，而是展示学生对学习目标的解读、学生学习过程中的新发现和感悟，以及本组学生不能解决的问题。这里的展示有口头展示、肢体语言展示、文字展示等。起初，学生受传统教育的影响，能够大胆展示的很少，通过教师的鼓励和引导，那些不敢开口的学生变成了滔滔不绝的演说能手，他们大胆走上了讲台，变成了“小老师”，创新思维和求异思维得到了培养。

此外，在实施“两步八环节”教学模式以来，我们也遇到了其他的难题，如学生学习习惯的转变。在实施过程中，学生的学习成绩会有所下降，但这只是暂时的，当学生学习习惯养成之后成绩就会提高，而这个提高的过程是悄然出现的，是通过学生自主学习获取的，并不是像以往那样要经过教师的反复讲解、题海训练、课后辅导才能实现。这样一来，就打破了传统课堂“教师讲、学生听”的教学模式，改变了课程实施过于强调接受学习、死记硬背、机械训练的现状，培养了学生收集和处理信息、获取新知识、分析问题和解决问题的能力，以及交流与合作的能力。学生个性得到了张扬，能力得到了提高，教师在课堂上讲得少了，负担轻了，大部分知识的学习学生都能自主完成了。

要实现教学改革，首先要有适合的教学模式，但有了教学模式不等于每堂课都要一成不变地套用这个模式。模式只是为了给教师提供一些基本的原则和步骤，教师可以大胆地反复实践、反思、总结，可以根据该教学模式形成自己的特色和风格。我们在实施“两步八环节”教学模式时，每周一的下午都要开展一次高效课堂教学论谈，教师可以提出自己上周教学过程中遇到的问题，共同讨论解决，可以谈在教学过程中的新发现，还可以对操作有困难的环节进行研究，然后把大家讨论的结果拿到课堂上进行实践，然后再反思，再讨论，再实践。教师反复研究，找到适合学生、适合本校实际的具体操作方法。

时代在进步，课程要改革，观念要更新。为了提高教学质量，促进教师的专业发展，提高学生的综合素质，我们将继续在教育教学实践中大胆探索高效课堂的奥秘。

“两步八环节”教学模式下的英语教学

威信县水田镇水田小学　罗　敏

我镇推行的“两步八环节”教学模式运用于英语教学中，极大地提高了英语课堂的教学质量。现根据英语学科的课程特点和自己的教学经验，以小学四年级英语上册第五单元 A 部分 Let's learn 教学为例，谈谈如何在“两步八环节”教学模式下上一堂学生爱学、乐学的英语课。

（一）探究学习

1. 目标再现，做学习的主人

英语课堂教学倡导任务型教学模式，即让学生在教师的指导下，通过感知、体验、实践、合作等方式实现目标，感受成功的喜悦。任务型教学模式的实施要求学生课前要明确学习目标，以更好地参与课堂活动，完成学习任务。本节课我设计了以下两个学习目标。

（1）我能听说认读单词：beef，chicken，noodles，soup，vegetables，rice，fish，juice，milk，bread。

（2）我能熟练运用句型：What would you like? I'd like some……

2. 学情展示，提高学习兴趣

展示能极大地提高学生的学习兴趣。爱因斯坦说过，兴趣是最好的老师。如果学生对所学知识产生了浓厚的兴趣，那么学习就变成了一件愉快的事情，学生就会自觉地参与学习活动。本节课的学情展示是这样的：首先，以录音带读复习 A 部分的 Let's talk；其次，运用句型 What would you like for dinner? 引导学生复习前面学过的实物单词；最后，让学生把自己制作的单词卡片拿出来，这些单词卡片是前节课预习引领环节制作的，学生在小组里展示自己会读的单词，个人展示完后再由小组代表上台展示，教师及时纠正读音。

3. 合作探究，体现学生主体地位

在大力提倡以学生为本、把课堂还给学生的今天，小组合作的学习方式得到大力推广，因为小组合作体现了学生的自主性，改变了传统的“满堂灌”“填鸭式”教学方法。在这一环节的教学中，我首先用录音带读的方式，依次展示单词和句型，再分别教读。这节课的重点是能用 What would you like? 来询问别人的用餐意愿，并能用 I'd like some ……来回答自己的用餐意愿。对这一重点内容的教学，我先给学生创设小客人来家做客的情境，再让学生分别扮演主人和客人，然后运用食物单词卡片进行小组探究学习。

生：What would you like?

生：I'd like some beef。

生：What would you like?

生：I'd like some rice。

……

一个学生问，一个学生答，充分体现了英语课的特点。在此基础上配以教师适时的指导，学生能快速掌握本节课有关食物的生词和句型，从而提高了课堂学习效率。此外，这样的学习方式，学生不会感到疲倦，反而兴致勃勃，乐于参与学习。

4. 游戏式课堂检测，充满生机活力

兴趣是最好的老师，游戏式课堂检测，能激起学生的学习兴趣。本节课，我通过两个游戏对学生进行检测。第一个是单词配对游戏：一个学生拿食物卡片（牛肉、鸡肉、面条、汤等），另一个学生拿单词卡片（beef，chicken，noodles，soup 等）进行配对游戏；第二个是服务员与顾客对话游戏：桌子上摆好食物卡片，一个学生扮演餐馆服务员，另一个学生扮演顾客，服务员问：“What would you like?”顾客回答：“I'd like some/ beef/ chicken/ noodles /soup……”两人一组轮换上台。通过游戏的方式检测学生对知识掌握的程度，学生更乐于接受。

5. 课堂小结，培养口语表达能力

在课堂小结环节中，学生快速回忆了本节课所学内容，并在此基础上进行小结，不仅回顾了本节课所学知识，还锻炼了口语表达能力。

（二）预习引领

预习是课堂成功的基石，它使学生有“备”而来，培养了学生学习英语的自信心。预习不但可以降低学生课堂学习的难度，增强学生参与课堂学习的积极性、主动性和有效性，而且有助于学生把更多的课堂时间用于理解、巩固和运用新知识。这对提高课堂教学效率，创建高效课堂大有裨益。英语新课标将培养学生自主学习能力作为一项重要目标提出，而学生的有效预习则是落实这一目标的一个重要环节，它对学生掌握新知识，养成良好的学习习惯起着至关重要的作用，对提高课堂教学质量有着举足轻重的作用。“两步八环节”教学模式中的第二步“预习引领”，把预习放在课堂上进行，解决了农村学生的预习问题。

针对语音部分的教学，我是这样设计预习引领的。

1. 预习目标

初步了解字母 e 在单词中的发音。（先让学生齐读预习目标，教师再解读预习目标，明确预习任务）

2. 指导尝试

听录音，体会单词 me，he，she，we 中字母 e 的发音。在听、读中，让学生初步感知字母 e 的发音，教师不直接告诉学生字母 e 的发音，而是给学生留“白”，以激发学生的学习欲望。

3. 课后延伸

课后延伸是课堂的延续，能拓宽学生的知识面，让学生利用身边资源进行英语学习，如阅读小学英语报刊，看英语动画片等。还可以让学生在生活中运用英语，如吃米饭时，提醒自己吃的是 rice，或吃饭时，用英语询问家人用餐意愿，以巩固所学内容。

“两步八环节”教学模式下的科学课堂

威信县水田镇香树小学　顾英贵

学生是学习的主体，学生对周围的世界具有强烈的好奇心和积极的探究欲望。在科学学科的教学中，教师应充分利用学生与生俱来的好奇心，培养他们对科学的兴趣和求知欲，为他们提供能直接参与的各种科学探究活动。我镇实行“两步八环节”教学模式，旨在激发学生的学习兴趣，调动学生的求知欲望，让他们在自主、合作、展示中学会学习，养成良好的学习习惯，为学生终身学习打下坚实的基础。

授之以鱼，不如授之以渔。“两步八环节”教学模式倡导先学后教，就是让学生学会学习，掌握学习的方法。“两步”即探究学习和预习引领；“八环节”即探究学习中的目标再现、学情展示、合作探究、课堂检测、课堂小结，预习引领中的预习目标、指导尝试、课后延伸。

把“两步八环节”教学模式运用于小学科学的教学中，我发现学生的学习能动性提高了，教学效率也提高了。现结合小学科学六年级下册第一单元第 4 小节“踏上健康之路”的导学案，谈谈我是如何运用“两步八环节”教学模式的。

1. 预习目标

（1）浏览课本第 9～12 页的内容。

（2）测量自己的身高和体重。

2. 预习内容我尝试

旧知迁移：谈谈对健康的认识。

尝试内容：第 9 页的统计表和统计图反映了________________。

第 10 页的统计表反映了________________。

3. 课后延伸

课后测量自己的身高和体重，并记录下来，与课本的数据进行比较，看自己身体是否健康，以及在以后的生活中要注意什么。

威信县水田镇中心学校小学科学六年级下册第一单元第 4 节导学案

主备教师：顾英贵　　　审核教师：　　　授课教师：

单元名称：我们长大了			教学内容：P9～12		
课题	1.4 踏上健康之路	**课型**	新知探究	**课时**	第 2 课时
学习目标	1. 知道自己的生长发育情况。 2. 能运用教材中的健康生活方式。 3. 给自己制订一个健康作息表，养成良好的生活习惯。				
学习重难点	能结合自身实际给自己制订一个健康作息表，养成良好的生活习惯。				

（续表）

学习过程	温馨点拨	设计意图
探究学习 （一）目标再现 齐读学习目标。	阅读学习目标，记住这节课要做什么。明确学习任务。	解读目标，明确学习任务。
（二）学情展示 1. 我发现第 9 页的统计表和统计图的规律是________________。 2. 从第 10 页中的第一自然段我知道了________________。 3. 根据第 10 页的统计表，我知道自己的身体生长发育情况是________________，因为________________。	运用数学课中的统计知识观察、分析统计表和统计图。	既给学生提供方法，又让各科知识综合衔接起来，使学生认识到自己的生长发育情况。
（三）合作探究 1. 为了能有一个健康的身体，我们该怎么做呢？ 我的方法是________________。 因为我________________。 我们把同学的方法总汇在一起： ________________________________。	我们的方法一定要有利于我们的健康。	通过对自己的实际情况进行分析，了解自身的生长发育情况。
2. 能拥有健康的身体的方法是________。 （四）课堂检测 根据自己的实际情况，为自己制订一个健康作息表。	归纳同学们的好方法，我们就会不犯别人犯过的错。	
（五）课堂小结 今天，我们学会了________________。 **预习引领** （一）预习目标 1. 初步感知遗传现象。 2. 了解遗传现象存在于哪些生物间？	健康作息表要实用，并且要坚持不懈。	要求他们坚持不懈以养成习惯，这是学习知识的最终归结点。
（二）指导尝试 旧知迁移：经常有人说某某人长得像他的爸爸或像他的妈妈，这种说法是我们科学上提到的________。 尝试内容：遗传的定义：________________。 （三）课后延伸 重难点预设思考：遗传存在于哪些生物间？试举几个例子。	用心看课本第 14 ～ 16 页，展开想象的翅膀，想想生活中还有哪些遗传现象。	让学生学会独立学习，培养他们的观察能力和探究能力。

在预习引领中，教师和学生一起根据预习目标进行预习。在预习引领中，我教给学生自主学习的方法课后学生运用所学方法，完成预习内容，思考课后延伸内容。在探究学习中，我努力为学生提供展示的机会，通过展示既检查了他们的预习情况，又培养了他们的表达能力、倾听能力等，同时展示也会促使学生积极主动地预习。我注重给学生充足的探究时间，让学生通过合作、讨论、交流等方式去获得知识。这里的合作不仅仅是学生与学生之间的合作，还有教师与学生之间的合作。教师与学生之间的合作重点在于教师如何去引导、如何去疏通。在探究学习中，我还教会学生归纳总结，因为学生探究得来的知识比较零散，我们要让他们集体讨论、合作探究，并进行课堂小结，这也是归纳能力的培养，是谦虚学习的培养。

总之，课堂是学生的，学习是师生的，实践操作是大家的。教师要把课堂还给学生，体现学生的主体地位，而教师只是和学生一起学习的伙伴。学生在知识获得的过程中，也许会跌跌撞撞，但那是他们自己获得的，更利于他们长久记忆。教师能交给学生的太有限了，就让他们先学，而后我们再教吧！

“两步八环节”教学模式下的生字教学

威信县水田镇苗坝小学　吴全淑

汉字是学生学习语文乃至其他任何学科的重要载体，是人们不可或缺的交流工具。因此，无论什么时候我们都不能忽视生字的教学。

语文新课标强调了识字、写字教学的重要性。在肯定了“识字、写字是阅读和写作的基础，是第一学段的教学重点”之后，提出识字、写字也是贯穿整个义务教育阶段的重要教学内容。一年级的学生刚跨入学校大门，对生字的学习方法不懂，对许多教学术语可能也不懂，这就要求我们教师要循循善诱。尤其是对农村中没有进过幼儿园的孩子的教学，我们更要一步一步走。

（一）养成良好的课堂习惯

一节优秀的课，不仅要活还要有序。要做到有序，就要让学生了解并掌握课堂学习的方法，并养成习惯。

1. 坐姿端正，回答问题要举手、声音要洪亮、身体要站直，上台讲解要做到自然大方、注视听众。需要结合板书讲解时，要考虑站姿是否会影响观众的视线。

2. 课堂上积极发言，和同学、老师交流时，眼睛注视着对方，“我帮忙”“我补充”“我纠错”“谢谢”等词语常挂嘴边。

3. 口号口令规范，做到令行禁止。如教师说“静”，学生说“悄悄”，并马上坐端正。

4. 对子学习，要求对学时共用同一学习内容，将资料摆放在二人中间。主学者指读，辅学者监督，轮流进行。如生字的拼读，书本放中间，主学者指读，辅学者监督、纠错。

学生养成良好的课堂习惯，有利于顺利完成学习内容。但是，要真正做到高效，把课堂还给学生，还要引导学生在课前做好充分的预习准备。

（二）课前预习有方法

语文新课标明确指出了低年级的识字要求：“掌握汉字的基本笔画和常用的偏旁部首，能按笔顺规则用硬笔写字，注意间架结构。”“学习独立识字。能借助汉语拼音认读汉字。”

针对此目标，我引导学生制订了以下预习方法。

（1）用不同符号勾画生字音节的组成部分。如用______标出声母，用…………标出介韵母，用﹏﹏标出韵尾，用△△△标出整体认读音节等，这样区分出音节的组成部分后，学生再拼读生字就容易多了。

（2）对于生字不但要会读，还要记住字形。看到一个生字，首先要从结构上认识，如独体字、上下结构、左右结构、品字形结构、半包围结构等。如果不是独体字，还要找出它的偏旁，帮助理解字义。如“氵”做偏旁的字和水有关，“日”字旁的字大多数都和太阳有关……在教授生字“暖”时就有学生这样展示：“我提醒大家不要把‘日’字旁写成‘目’字旁，因为太阳一出来我们就感觉到了温暖。”

其次，通过加一笔、减一笔、换部首、找同偏旁的字、同音字等方法记忆生字。学生就曾展示过“巾”加一撇变成硬币的“币”；“户”去掉头上的一点变成尸体的“尸”。当然，学生不只是限于加一笔、减一笔来识记生字，他们还发现了“爪”把竖变成竖提，再加一点变成西瓜的“瓜”。我顺势引导：“同学们，你看这多出来的提和点像西瓜的什么？”学生迅速说出像西瓜的子，教师总结方法：多了瓜子那是“瓜”，没有瓜子就是“爪”。通过这次引导，在教学“泪”字时就有学生这样展示：眼睛边上有水就是眼泪的“泪”；“这”把里边的“文”换成“元”变成遥远的“远”；“岗”把“山”字头换成“刂”旁变成刚才的“刚”；“挂”同偏旁的字有“打”“拍”“推”“扒”，因为它们都和“手”有关……

（3）记住字形后就可以学写生字了。结合课后练习中生字的笔画顺序写生字，在写的过程中，注意对平时容易写错的地方加以提醒。如多写一笔，少写一笔，这个笔画要不要出头，字变偏旁后笔画发生了什么变化等，通过这样的学习，学生的字就会写得漂亮了。

由于学生年龄小，又缺乏“发现美的眼睛”，所以，在写字教学时有些教师经常会说出某个字后，直接告诉学生该生字哪里容易错，应该注意些什么。这样，学生就处于被动接受的状态，即使当时记住了，也很容易遗忘。因为学生并没有经过主动的思考，而只有经过思考所获得的知识才会印象深刻。所以，在生字教学中，教师要引导学生独立发现问题，并让他们提醒其他同学注意生字的写法，这样，“小老师”们的兴趣会很高，“学生”的兴趣也会很高，课堂上就会小手林立。

4. 通过组词理解字义。勾画出生字在文中组成的词语，再在自己理解的基础上，为该生字组1～2个词语，学生能组的词语越多，说明他对生字的理解越透彻。等到课堂展示时学生都为生字组词了，就可以你说一个，我说一个相互补充。这正如萧伯纳所说：“你有一种思想，我有一种思想，彼此交换，我们每个人就有了两种思想。”

（三）课堂展示有分工

开学伊始，在对学生进行了解后我班就根据同组异质的规则对学生进行配对，一个学优生与一个学困生组成学习对子。这样能让学优生在掌握知识的基础上，向学困生传授知识，从而进一步加强对知识的理解与运用；让学困生在学优生的帮助下掌握学习方法，学会知识，发掘自己的潜能。

接下来，就可以分配展示任务了。上课一开始，把学习内容合理分配给每一个对子。实力强的对子分的任务可以多一点、难一点；实力较弱的对子，任务可以少一点、简单一点。

对子进行预习展示时，应针对检查的情况进行合理分工，让学困生先展示，学困生完不成的内容学优生及时补充，这样让所有学生都有话可说，增加学生学习的自信心和动力。

例如，在教学《木兰从军》一课时，对于生字“兵”，学生是这样交流展示的。

（对子到讲台上展示，学困生先展示。）

生1：我来读生字，bīng，“兵”字是独体字。

生2：我补充，“兵”字的偏旁是“八”字底。

师：既然我们能找到“兵”字的偏旁是“八”字底，那它还是独体字吗？（这样一问，学生自然就明白了“兵”是上下结构的字）

生1：谢谢大家。下面我来写，一撇，二竖，三横，四竖，五横，六撇，七点，共七画，请大家描红。

（全班描红。）

生2：我能找它的形近字“乒”和“乓”。

生1：我可以写“八”字底的字——字典的“典”。

生2：我提醒大家不要少写“兵”字下边的“撇”或“点”，不然就变成了“乒”“乓”或“丘”了。

师：真细心。刚才讲的“兵”字的形近字，这位学生能想到在可能写错的地方提醒大家，大家一定要记住呀。

……

整堂课在学生的展示交流中顺利进行，教师只是适时给予点评、引导以激发学生的积极性，掌控课堂的节奏。教师把课堂交给了学生，而自己只是一个引导者、参与者。

“两步八环节”教学模式下的班级管理

威信县水田镇水田小学　郑　洁

随着我镇教学改革不断深入，班级管理工作显得越来越重要。班级管理的实质是管理学生，而管理学生的核心是学生人格修养、学习习惯的培养。班级管理工作是复杂而艰巨的，尤其是对于“两步八环节”教学模式下的班级管理，教师们都处于摸索阶段，遇到了不少问题。我也常常为此感到到困惑与迷茫，但经过我的不懈努力，在原有管理基础上获得了一些突破，有了一些收获。

（一）“两步八环节”教学模式下的班级管理

我所理解的高效课堂模式下的班级管理，就是每个学生都以主人翁的身份积极主动地参与班级管理。“没有规矩，不成方圆。”一个优秀的班集体，必然要有良好的秩序。班主任在班级管理中是管理制度的制订者、管理人员的培训者、学生心声的倾听者、班级问题的发现者与协调者。下面是我在“两步八环节”教学模式下进行班级管理的几点做法。

1. 合理分组并选出组长

最初，我班根据成绩，按 1～6 名，7～12 名……依此类推将全班学生平均分成了 9 个组，并选出了 9 个敢于发表意见且成绩较好的学生担任组长。随着对学生的进一步了解，又对各组进行了调整，将调皮的学生和管理能力强的学生分在一组，基础薄弱的学生与学习优秀的学生分在一组，性格内向的学生和性格开朗的学生分在一组，时时注意他们的动向，发现问题及时纠正，尽量保证分组的合理性。现在各组组员基本稳定。

2. 组长培训，提升小组能力

优秀的小组不是一天就能培养出来的，需要一个漫长而艰辛的过程。在一个小组中，组长是核心人物，组长的管理水平左右着小组的动向。所以我选组长的原则：一是责任心强、胆子大；二是学习能力强，以便能组织本组学生学习并起到带头作用。选出组长后，从以下几个方面对组长进行了培训。

首先，要求组长必须以身作则，要敢于正视自己的错误。组长对自己要求都非常严格，起到良好的带头作用。其次，组长要处理好本组同学间的关系，不能歧视学困生，既要做到团结本组成员，又要在纪律、学习上严格要求本组成员。再次，组长要明确自己每天的任务：组织学习、检查预习、兼顾本组所负责的纪律卫生方面的具体事务。最后，及时处理问题。组内成员出现问题及时处理，处理不了的及时向教师汇报。

对组长进行培训后，针对组内出现的问题或班上的问题，随时召集组长询问情况，并及时进行处理。现在，各组长不但在学习上是大家学习的榜样，而且具备了良好的学习能力与管理能力。

3. 制度约束，形成竞争

班级制订了相应的组内及组与组之间的评比规定。组内评比，即组员间的评比，事先规定各个小组成员该负责的工作，每天由组长监督，并及时向教师汇报，教师根据学生完成任务的情况给予奖惩。组与组间的评比，即以小组为单位进行评比，评比内容包括学习表现、纪律、“两操”、卫生等情况，每天评比，期末总评，并进行相应的奖惩。

4. 督促学习，形成良好学风

一个班级除了良好的班风，还必须有浓厚的学风。督促学习的任务，主要由组长完成，教师所做的仅仅是对组长进行指导而已。组长主要从以下几个方面入手督促组员的学习。

(1) 课前督促组员准备好学习用品，课内组织组员合作探究、交流学习。

(2) 课后组织学生进行预习，并把小组通过预习获得的知识在本组展示区展示，并和其他小组进行对比。

（3）督促本组成员完成当天作业，并对本组学困生进行辅导。这样一来，学生在组长的督促下都能很好地完成学习任务且学习积极性很高。

5. 与任课教师合作

各科任课老师是班级重要的组成部分，他们在班级管理中起着举足轻重的作用，他们能及时发现学生在课堂上的思想动向、个别学生的不良表现、学生某学科学习现状。在任课教师及班主任的双重管理下，班级管理效果会事半功倍。所以作为班主任，我及时与任课教师沟通，向他们了解学生的上课情况，了解学生的问题，一旦发现学生动向不对，及时采取措施进行管理或调整。“一个篱笆三个桩，一个好汉三个帮”，要管理好班级，需要各任课教师的帮助。所以班级的进步，其实是每位教师辛勤付出、共同努力的结果。

6. 正确处理师生关系

如果班主任整天很严肃，对学生总是批评，学生只会敬而远之。如果班主任和学生以朋友相称，对学生的过错总是原谅，又可能会失去威信。可见，班主任和学生之间保持一定的度，才是一种管理的策略和艺术。班主任既要有一定的亲和力，又要树立威严，让学生既敬又爱。尊重学生、关心学生是一种爱，严格要求学生也是一种爱。对学生严格要求并不是指班主任提出要求时要很严厉，而是指要坚持不懈地将切实可行的管理措施贯彻到底，严在理中，严中有爱。

7. 与家长沟通互动

家长的配合情况会直接影响班主任工作的开展，也会在一定程度上影响班级管理工作。由于我校是一所偏远的农村学校，学生家长文化素质普遍较低，有的甚至还是文盲，所以大多数家长认为教育孩子是学校的事，跟自己无关，一旦孩子考试不理想，就怨教师，骂孩子，从不在自己身上找问题。对此，我经常在家长会上对家长进行引导，使家长正视子女的教育问题，积极配合学校的各项工作，以使班级工作更加顺利地开展下去，为学生营造良好的班级氛围。

(二)“两步八环节”教学模式下班级管理的优势

1. 解放了自己

从1995年参加工作以来我一直担任班主任，以前当班主任，对班级管理工作喊得多、管得多、陪得多，什么事都亲力亲为，大事小事一手抓。这样长期坚持下来，感觉身心疲惫，学生被动，效果甚微。自学校推行以“两步八环节”教学模式打造高效课堂以后，在班级的管理上我也大胆放手，把班上的学习、纪律、卫生等各项工作分配给学生，每一项都有相应的组长负责。尤其是学习方面，每组的学习都由组长组织、管理，由组长组织学生在组内自主学习、合作探究。我只需对学生进行方法指导，适时的点拨即可，学生学习积极性高了，我也感觉轻松了很多。

2. 学生学习更主动

我班学生个个都努力学习，对于各科教师或各个小组长布置的作业或预习任务都能认真对待，且积极主动完成。尽管他们基础不同，但都能听从组长的安排，自主学习，合作讨论，共同完成任务。由于他们进行了自主学习与讨论，对知识都形成了自己的认识，所以课堂上他们讨论热烈，展示积极，表现出强烈的求知欲，展现了良好的学习风貌。

3. 提高了学生的能力

我班有9个小组，各组有2个组长，一个是纪律组长，负责管理本组的纪律、卫生等工作；另一个是学习组长，管理组员的学习，负责组织预习，组织组员讨论交流，检查作业以及辅导学困生等工作。除此之外，我们班还有5个班干部轮流值周，从周一到周五每人负责一天，他们现在能全权处理当天的事务，包括布置学习任务、辅导难题、管理各小组的纪律与卫生、监督和反映小组的不良情况等，这便极大地减轻了教师的负担。教师若开会或有其他事，值周的班干部还可承担起讲解的职责。这些都得益于任课教师的培训与高效课堂教学模式的实施。

4. 增强了学生的团队精神

因为在“两步八环节”教学中，体现的是学生的合作学习与探究。所以我重点让学生明白，在小组评比时，一个人的进步并不代表小组的进步，小组的每个成员都进步了，才算得上真正的进步，这样才有资格获得相应的奖励。放弃本组的学困生会导致本组的落后，所以学生的团队意识很强，他们不是只顾自己学习，还常常辅导小组中的学困生，尽管有些学困生进步不太明显，但同学间的互帮互助已成为常态。班主任从琐碎的班级事务中解放出来，有了更多时间和精力与学生进行面对面的交流，与学生有了更多接触，进一步了解了学生的心声，融洽了师生关系。

总之，班级管理工作是一项复杂且具有挑战性的工作，尤其是在“两步八环节”教学模式下要培养一个良好的班集体，教会学生自我管理、自我教育、自主学习，班主任不但要转变观念，还需要长期不懈的努力。

用爱浇灌学生

威信县水田镇水田小学　童　艳

虽然接触“两步八环节”教学模式不到一年时间，但我感触颇深。首先，这种教学模式把学生从传统课堂“以听为主”中解放出来。其次，把教师从传统课堂“以讲为主”中解放出来。但实现这两种“解放”并非一朝一夕之功。怎样才能使自己解放出来，同时把学生解放出来，是我一直在思考的问题。在这个过程中，我不断学习，不断摸索，不断摔倒，又不断爬起来，渐渐地，我坚定了自己的步伐，决心用爱浇灌学生。

有位教师曾经说过一句话让我记忆深刻，她说：“学生是玫瑰花蕾，有的开得早，有的开得晚，到最后都是灿烂一片。”所以，我们不应该歧视学困生。在我班就有这样一位学困生，他是一个很调皮又爱笑的男孩，笑起来还有两个小酒窝。在上学期的语文检测中，他的成绩是7.5分。看到这个成绩，我很无奈。是他笨，还是我教得不好？他不喜欢做作业，也不交作业，为此我想过很多办法，但收效甚微。这个学期开学后，我对他转变了策略，当他交作业时，我先不管他做得对与不对，都会对其进行表扬，而不像对其他学生一样用优、中、差来衡量。他的普通话讲得很不好，同学们经常嘲笑他，但在我的鼓励下，他还是用方言大胆地把他的想法表达出来。尽管有时他的表达也让我忍不住笑出来，但我还是及时给他表扬，并带领学生送给他热烈的掌声。我发现，他交作业的次数越来越多了，而且上课的时候也踊跃地站起来回答问题了，这就是爱的结果。我觉得这个学生就是那朵花期晚的玫瑰花蕾，只要用心去照顾他，给他展示的空间，他也可以开得很灿烂。

美国心理学家威廉·詹姆斯说过：“人性最深刻的原则就是希望得到别人的赏识。”无论是谁，都希望得到别人的赏识，都喜欢获得别人的赞扬。所以对于学生，请不要吝惜夸奖和表扬的言辞。有一句话说得很好：“好学生是夸出来的。”我也赞同这个观点。

记得上海方略教育集团田汝华校长说：“人的一生不做两件后悔的事，一件是做了不该做的，另外一件是该做的却没做。”回首过去，我也曾犯下这种错误。在课堂上，由于自己急躁，我曾训斥学生；由于自己冲动，我曾嘲讽学生。这样做百害而无一益。在我们的小组建设中，因为学生做得不好、不到位，我训斥过他们，拿他们和其他班级做比较，但从来没有反思过自己有没有做得不好的地方，也没有及时帮助他们、指导他们该怎样进行小组建设。后来，我认识到了问题所在，开始耐心地和学生一起进行小组建设，讨论如何进行学情展示、小组交流……学生一天天进步了，我们都很开心。其实学生就是一张白纸，画笔就掌握在教师的手中，如何塑造，与教师有很大的关系。很多时候，是学生教会了我该如何做。在学生成长的过程中，学生会遇到挫折，教师不应该批评他们，而应该给他们满满的爱，用鼓励的眼神、相信的话语帮助学生走过成长路上的每一道坎，教师要相信他们一定能行。

用爱去浇灌学生，这爱不是放纵，而是严中有爱；这爱不是溺爱，而是全身心的包容与教导。我相信，用爱浇灌学生，前行的路上一定会有一片灿烂等着你！

高效课堂中学困生转化的几点策略

威信县水田镇龙洞小学　林奉桥

学困生转化是学校教育教学工作中的一个棘手问题，给教师的课堂教学带来了极大的困扰和心理负担，学困生转化是每个教师必须要做好的工作。要想实践高效课堂教学模式，有效提高课堂的整体效率，学困生的积极表现成了课堂教学的焦点。我就自己在课堂实践中对学困生的转化谈几点体会。

（一）积极引导，激起学困生参与课堂学习的积极性

苏霍姆林斯基说过：“思想好比火星：一颗火星会点燃另一颗火星。一个深思熟虑的教师和班主任，总是力求在集体中创造一种共同热爱科学和渴求知识的气氛，使智力兴趣成为一些线索，以其真挚的、复杂的关系——即思维的相互关系把一个个的学生连接在一起。”因此，作为一名教师，我们在课堂教学中要更多地关注学困生，疏导学困生的思想，消除他们的思想障碍，尊重和理解他们，让他们从自卑的阴影中走出来，树立自信心。教育家魏书生说过，学困生不缺批评，不缺训斥，而缺的是鼓励、表扬和感化。及时给予学困生精神鼓励，平时与他们多接触、多谈心，拉近与他们的距离，他们就会亲其师，信其道，重新树立学习的自信心，重振参与课堂学习的旗鼓。

（二）提供展示的机会，让学困生也有成长的舞台

我校“两步八环节”课堂教学模式要求教师把课堂的主动权还给学

生，让学生真正成为课堂的主人。在课堂教学中，教师要想提高教学质量，必须关注全体学生的发展，特别是学困生的成长，这是当前课堂教学关注的焦点。教师要想尽办法为学困生提供自我展示的机会和平台，启迪学困生的智慧，激活他们的思维，让他们从被动变为主动，从“要我学”变为“我要学”，真正体现“两步八环节”高效课堂教学模式的实质。学困生通过展示享受到成功带来的喜悦，认识到自己的进步，从而逐步树立正确的学习观。

（三）多找学困生的闪光点，及时给予鼓励

俗话说：“尺有所短，寸有所长。”每个学困生都有自己的闪光点，教师要用自己的慧眼去审视发现，即使仅仅是一点点极小的进步，也要“小题大做”，大力张扬，以调动学困生的积极性，并因势利导，鼓励他们扬起自信的风帆。德国著名教育家第斯多惠说过：“教学不在于传授本领，而在于激励、唤醒和鼓舞。”我任教的五年级有一名学生，平时话少，不善于和同学们交流、讨论，作业也不认真。一次，我教学时发现他举起了一只小手，于是我抓住时机，走到他身旁，请他站起来，问他有什么要说的。他细声细气地说：“刚才那位同学的回答有点不妥，我来帮他补充……”我抓住了他的这一点进行表扬。从此之后，我发现他举手的次数渐渐多了，展示的劲头也更足了，他对学习变得自信了，成绩也进步了许多，我为此感到特别高兴。总之，只要我们用发展的眼光去看待学困生，给学困生自信与鼓励，适时张扬学困生的个性，相信学困生也能成长为优秀生。

（四）建立家校联系机制，赢得家长的支持和信赖

家访是教师做好教育教学工作的前提，是教师进一步了解学生的有效途径和方法，也是教师与家长交流学生在校种种表现的有效渠道，有利于教师结合情况，及时调整自己的教育教学方法，及时矫正学生的不良行为习惯。学生每天在校的时间只有七八个小时，更多的时间是在家里，要想使学困生彻底转变，离不开家长的协助与支持。因此，教师要经常将学生

在校的情况及时反馈给家长，同时向家长了解学生在家的表现，家校合作对学困生进行教育，共同管理，形成家校教育网络，学困生的转化将不再是难题。

教育，是一门科学，更是一门深奥的艺术。对学困生，教师只能晓之以理，动之以情，用真诚、宽容的心去包容他们，用温暖的阳光去沐浴他们的心灵，用现代教育理念去触动他们，用微笑的眼神去对待他们。

课堂教学中多媒体课件的使用

威信县水田镇龙洞小学　周愉梅

传统的课堂教学只有单调的课本、教师、黑板、粉笔。随着现代教育技术的推广，多媒体已经进入农村学校的课堂，使课堂变得越来越“有声有色”。多媒体课件的使用使学生可以多方面了解作品的背景，理解课文内容，为学生自主学习创造了条件，实现了“学生为主，教师为辅”的教学理念。多媒体课件的使用不仅充分调动了学生的学习积极性，激发了学生的求知欲，活跃了学生的思维，拓展了学生的想象力，而且在提高课堂教学效果、优化课堂结构等方面都起到了不可估量的作用。

（一）在揭示课题时使用，可以吸引学生的注意力

学生本就对新鲜事物有好奇心，运用多媒体课件教学，在上课伊始呈现学生感兴趣的图画，能激发学生学习的欲望和兴趣，如果引导得当，学生在整节课上都会兴致勃勃，有浓厚的学习兴趣。例如，我在教学《狐假虎威》时，先通过多媒体课件呈现狐狸和老虎的图片，成功吸引了学生的注意力，激发了他们的兴趣。然后，我又要求学生仔细观察这两张图，并说说自己对这两种动物的认识。这时，每个学生都在仔细地看，用心地听，认真地说，注意力已经完全集中到了课堂上，教学效果不言而喻。

（二）在理解重难点时使用，可以变抽象为具体

用多媒体进行教学，能变抽象为具体。在小学低年级阶段，学生由于受年龄、知识的限制，抽象思维刚刚开始发展。教师单纯依靠语言文字进

行抽象的讲解，学生会很难理解。如果运用多媒体课件，把枯燥乏味的文字变为生动有趣的声音与图画，就能收到传统教学达不到的教学效果。例如，教学《司马光》一课时，用多媒体课件出示几幅图画，把课文的情节线索用图画勾勒出来：在花园里；一个装满水的水缸，几个孩子在花园玩；一个孩子爬上假山去玩不小心掉入了水缸；孩子们慌了；司马光想出了办法；砸破水缸，孩子得救。几幅简洁的图画便给学生勾勒出一个完整的故事，教材上的静态内容被转化为动态画面，有助于学生理清课文脉络，掌握课文的重难点。使用多媒体课件，不仅简化了教学过程，也能节约教学时间，把更多的时间留给学生去学习。

（三）在指导朗读时使用，可以激发学生的情感，培养学生的语感

受周围环境及诸多因素的影响，农村学生语感很差。在上课时，教师的带读或范读有时太枯燥，特别是低年级学生注意力不能长时间集中，导致学生在学习课文时无法融入情感，体会不到作品的情感及语感。如果在朗读教学中教师采用多媒体课件引起学生的注意力，激发他们的兴趣，就能产生不一样的效果。我在教学《大禹治水》这篇课文时，在学生学习完课文、掌握了课文内容后，我打开多媒体课件，让学生一边听录音，一边看动画，一边轻声地跟读，学生的注意力非常集中。在听完范读后，我提问："你想对大禹说些什么？"学生通过看动画，感受到了大禹治水的艰辛和毅力，纷纷举手抢答，课堂气氛热烈。这就是运用多媒体课件产生的效果。在培养学生语感的同时，学生的情感也被激发，无形中让学生更深入地理解课文内容，有利于学生对课文的背诵，减轻了学生的课业负担。

（四）在总结课文时使用，可以加深学生对课文的理解

一堂好课要善始善终，不能虎头蛇尾。以往的语文课堂教学总结是教师利用板书，把文章的主要内容在黑板上展现出来，其目的是让学生对所学内容一目了然。但这样的课堂总结不仅学生没兴趣，教师自己也觉得枯燥无味，还浪费了时间。现在利用多媒体课件，教师只要轻轻点一点鼠标就能展示课文提纲及相应的图画、声音，学生也能轻松地把学到的知识进

行整理。例如，在教学完《小鹰学飞》一文进行总结时，我利用课件展示动画：小鹰从地上起飞，飞过大树（还不算会飞）；飞过大山（还不算会飞）；飞入高空（往上看，它的上面还有比它飞得更高的鹰）。让学生明白老鹰不断向小鹰提出新的目标的原因，也让学生懂得了学无止境的道理，从而教育学生要虚心好学、不断进取。

多媒体课件对教师的课堂教学有很大的帮助，因此，教师在备好教学内容、备好学生的前提下，可以根据本班学生的情况，事先制作多媒体课件，使自己的课堂呈现不一样的精彩。

抓住学生心理，“比”出成效

——课堂中正确运用“比”的教学方法

威信县水田镇水田小学　周贵春

“两步八环节”是我镇打造高效课堂的一种教学模式。它分为两个阶段：探究学习和预习引领。在探究学习中，包括目标再现、学情展示、合作探究、课堂检测、课堂小结五个环节；预习引领则包括预习目标、指导尝试、课后延伸三个环节。

小学生好胜心强，好奇心强，作为教师，我们要抓住小学生这种好胜的心理，在学习的过程恰当地引入竞争机制，也就得“比”，则会对学生的合作学习起到纠正、提高、深化的作用，从而使合作学习更高效。下面谈谈我在中年级语文教学中是如何巧用“比”的教学方法，提高教学效果的。

（一）“比”谁能更好地自主预习

对于一堂新内容的授课，预习的内容包括对生字的掌握，对词语的理解，读熟课文，知道文中词语的近义词、反义词，认识多音字等。内容繁多，如果不提前预习，一篇课文想在两课时内完成几乎是不可能的。由此，必须要让学生先预习。但预习内容繁多，学生在 10 分钟左右是无法完成的。如果让学生课前利用课余时间自主预习，自觉的、成绩好的学生会完成得稍好一点；中等生回去后只是简单看一下，走马观花，就算预习过了；对于学困生来说，不预习是常事。因此，必须通过导学案来指导他们预习。

导学案上的预习内容具有提示作用，是每一课时的重难点，层次分明。如果好好预习，上课时就会轻松很多。但即使这样，一部分学生还是不认真预习。为了促进“懒惰”的学生主动预习，我就用了“比”的教学方法。“比”什么呢？“比”谁更能自觉预习，“比”谁能在教师上课前就会默写生字，“比”谁会读由生字组成的词语并能用自己的话说出意思，“比”谁能正确流利地朗读课文，比谁能理解文中一些重要句子的含义，“比”谁能从所学的课文中悟出道理……一听到要“比”，自然人人不甘落后，都想得到教师的表扬，于是便积极地预习。

（二）“比”谁在合作探究阶段展示得更好

预习的目的是能更好地为学习课文打下基础，预习效果的好坏就要通过展示来评价。

1. 生生“比”预习成果

通过预习，学生能自己解决一部分较简单的内容，而对于较难一点的内容，有的学生可能不理解或掌握得不好，这就要通过讲解来完成。当然不是教师去讲、去展示，而是让其他学生来讲、来展示。就一篇课文中的生字来讲，可以让学生分类完成。如把生字分成两类：一类是较简单的，让学困生来完成，如果学困生能完成，就不必讲了；另一类是较难的，让学习较好的学生来完成，第一个学生讲完后，教师可以问学生：“还有比他讲得更好的吗？”这样一来，学生就会争着把自己不同的理解展示出来。展示的过程就是一个比的过程。

再如，比谁能流利地朗读课文。最直接的方法就是让学生通过读来比。找朗读的学生也有讲究。第一轮可先让每组的学困生来读，让其他学生进行评价，点评的学生要做到：一看二听三画四说。一看，用眼睛看朗读的内容；二听，用耳朵听同学的朗读；三画，画出朗读同学读错的字、词、句；四说，等同学读完后，给读的同学纠错。然后评出朗读冠军。第二轮让每组中的中等生来读，评出朗读冠军。在这两轮朗读中，都有一个比的过程：同一轮朗读中，比谁读得更好；第一轮和第二轮之间，比哪轮学生读得更好。

2. 师生“比”预习成果

除了让学生与学生“比”预习成果外，教师也可以和学生“比”。相对学生而言，和教师“比”更具有挑战性。因为在学生心中，教师是无所不能的，能够战胜教师是一件很自豪的事，能得到教师的夸奖，是一件了不起的事。为了能适时激发学生的学习兴趣，教师不妨和学生比一下。比如，比谁能在有限的时间里更快地掌握某课的生字。当然，教师不学也一定会写，但在展示时，教师可假装几个生字不会写，让学生说出或写出，这样一来，学生既学会了生字又获得了自信。在今后的学习中，学生会以超越教师为目标。

（三）“比”课堂检测中谁更会运用知识

课堂检测，顾名思义就是检测学生对本节课知识的掌握与运用。对新知识掌握了多少可通过检测来检验。检测题可以由学生来出，也可以由教师来出。但题型要多样化。比如，对生字掌握情况的检测，可设计组词、看拼音写字、选字填空、找朋友（连线）等题型进行检测；对课文朗读情况的检测，可抽查段的朗读、重点句子的朗读、长句的朗读等，这一内容则需教师来设计；对掌握课文内容的检测，可设计按课文内容填空、理解重点句子的意思等题型进行检测。如果由学生出题，出题的过程就是一个“比”的过程、运用知识的过程。出完题目后，同学之间还可交换着看，交换着做。如果是教师出题，学生做的过程也是一个“比”的过程。比谁做的全对，比谁的思路更新颖，比谁的知识更全面。

（四）“比”课堂小结中谁的收获更多

课堂小结，是让学生通过回忆对本节课所学的内容进行归纳总结。总结时要抓住本节课的重难点。进行课堂小结等于让学生又梳理了一遍所学的知识。说的过程其实就是“比”，比谁收获的知识多。当然，不是每节课学生都能学会所有知识，但经过不断的比，学生至少会明白自己哪方面知识掌握得不好，在复习时就会注重这些方面，弥补不足。

作为教师，我们在教学过程中，要充分利用“比”，用“比”为学生营造积极的学习氛围，让学生在浩瀚的知识海洋里不断学习和创造。

“两步八环节”高效课堂教学案例

——《诚实与信任》教学案例

威信县水田镇龙洞小学　林　潇

“两步八环节”教学模式，以导学案作为学生课堂学习的载体，把课堂教学时间分为“两步”——探究学习和预习引领，在不同的时间段完成相应的学习内容。通过教师导学，培养学生自主、合作、探究的学习能力；通过展示、交流、纠错，培养学生学会表达、学会倾听。以“面向全体学生，解放学生，发动学生，发展学生”为理念，挖掘学生潜能，张扬学生个性。我校属于农村小学，2010年以前学校教师都以传统的教学模式进行教学，课堂展示都以教师为主。什么叫自主预习？如何进行课堂展示？教师和学生都不懂。自2010年以来，我校就一直运用“两步八环节”教学模式进行教学。我校教师在课堂上不再是主演了，而变成了导演，学生则成了主演。学生是课堂的主人，教室是他们求知的殿堂。“两步八环节”教学模式下的课堂，黑板不再专属教师，也是学生展示才华、展示自我、分享收获的平台。现以《诚实与信任》第二课时为例，分析一下“两步八环节”教学模式的独特之处。

片段一

教师以简短的语言导入新课。

师：我们在学新知识前，必须先了解这节课所要达到的目标。请同学们齐读目标。

（学生根据导学案齐读学习目标，教师解读。）

（1）能通过文章中具体的语言材料，认识诚实和信任比金钱更重要，体会“我”勇于承担责任的高尚品质。

(2) 有感情地朗读课文，分角色朗读“打电话”的内容。

分析：这就是探究学习的第一个环节：目标再现。学生在教师的引导下齐读目标，让学生进一步明确学习目标，唤起学生的问题意识。如果低年级教学，教师还要进行相应的目标解析，让学生对本节课的目标更加了解。在该教学模式下，学生直接接触到学习目标，也就是在导学案里可以直接查阅到学习目标，如果学生在学习的过程中忘记了这节课的学习目标，可以随时在导学案中找到；而在传统教学中，教学目标一般只是教师口头说说，有时甚至连说都不说，学生学习起来很盲目，所以很难达到预期的学习效果。

片段二

师：我想知道你们在预习时都学会了什么，请你们在小组内互相检查预习完成情况，并对同学提出合理的建议。在小组内讨论你在预习时遇到的问题。

(学生小组内互相检查预习完成情况，互相提出合理建议，小组内尝试解决在预习时遇到的问题。教师来回走动，观察学生完成预习的情况，全面了解学生遇到的问题。)

分析：这一环节就是学情展示，这是以往的教学模式中最容易被忽视的环节，但这是“两步八环节”教学模式中不可缺少的部分。在这里，学生可以互相检查预习情况，向对方提出合理建议，也可以通过检查别人的预习，从中找到一些新的发现，还可以把自己在预习时遇到的问题在小组内提出先进行讨论。这一环节的作用，一是可以督促学生课前预习；二是可以让学生分享预习时的收获，达到知识互补；三是教师可以分析和提炼学生的问题，及时形成有效的导学方案和个性化指导计划，为后面的教学环节打好基础。学生在这个环节里表现都很积极，因为每个学生都想把自己的成果在小组内分享一下。

片段三

师：现在我们深入到课文中，具体了解一下事件的经过。请你用自己喜欢的方式读课文第1～3自然段，先思考在一天深夜，发生了一件什么事？导致这次事故的原因有哪些？然后小组内交流讨论，最后派代表汇报。

（学生自由读课文，讨论。）

师：抢答开始！

生：我说！我们小组知道了在一天深夜里，作者开车回布鲁塞尔时碰坏了停在路边的小红车的反光镜；导致这次事故的原因是天很黑，又有点雾，能见度很差。

生：我来补充！我们小组认为，导致这次事故的原因还有作者的车刚从快车道进入慢车道，车速有点快。另外，这辆小红车停放的位置也是导致这次事故的原因——这辆车的车头超出停车线二三十厘米，也就是说，责任不只在“我”一个人身上。

师：大家分析得很到位，思考问题很全面，可以看出平时的知识积累也不少，连车速的快慢都分析出来了。真棒！（在课堂评价表中为回答问题的小组加1分）那当时作者是怎么做的？如果是你，你会怎么做？先思考，后抢答。

生：作者写了一张有自己姓名、电话的字条压在小红车的雨刷下。

生：如果是我的话，我马上请修车师傅把小红车的反光镜换上，不让车主知道。

师：你平时纠正错误一定很及时。（为该组加1分）

生：如果是我的话，我会大声询问这辆小红车是谁的，看需要赔多少钱，马上赔给他。

师：你真懂事！（为该组加1分）

生：但是，这是深夜了，你去哪儿找人呢？你的喊声会不会影响到别人休息呀？

师：对啊，要有道德。（为学生的大胆想象加1分）

生：如果是我的话，我会一直在那儿守着，等到小红车的主人来开车，我再向他解释，跟他一起去修车。

师：你真有诚意！先鼓掌表扬一下。（为该组加1分）如果是我的话，我会这样想：反正碰坏小红车的反光镜又不是我一个人的责任，我为什么要赔给他？我会立即开车离开，反正那时候没有人看见。你们觉得这样可以吗？

生（群呼）：这是不行的，这是不负责任的表现，不诚实。

师：谢谢你们的批评，我们还是要向刚才这几位同学学习，要做一个诚实的人。（为各组加2分）

……

分析：这是合作探究环节中的一小部分，从这里可以看出，该教师是以问题引导学生学习的。教师的问题和要求抛出以后，学生通过读课文、做记号、思考问题、交流讨论、汇报展示这样的步骤去完成。教师并没有直接给学生讲发生这次事故的原因是什么，而是让学生回答。学生做出回答后，教师再进行适当的点评并进一步提问。不过，不是所有学生的回答教师都要进行点评，可以让学生互相完成提问、点评或纠错。在教师的点拨中，在同学的纠错中，学生的学习得到补充、完善，学习方法得到提升。在学生交流讨论的过程中，教师要有目的地巡视各小组，适时进行指导。学生自由汇报的时候，教师要抓住“诚实”这条主线去引导学生，不能让学生偏离主题而漫无目的地说。对于难度较大的问题，教师要善于借用学生渴望释疑的心理需求，激励学生思考，帮助学生找到解决问题的思路和方法，归纳出新旧知识点之间的内在联系。

在这个环节中，教师要用自己的教学热情感染学生，激起学生探究的欲望。当学生在短时间内无法回答某个问题时，教师不要把正确答案毫无遮掩地说出来，因为这样就失去了探究的意义。在学生进行展示的过程中，教师对回答问题的学生进行鼓励时，用简单的话语，如“思考问题很全面”“你平时纠正错误一定很及时”“你真有诚意”等，对学生进行鼓励和评价，很有亲和力。学生在这个环节的表现是最为积极的，因为学生的求知欲已被教师所激发，而乐于表现又是这一阶段小学生的特点，两者合为一体，课堂成了学生“唇枪舌剑”的地方，而不再像以往的课堂，学生只是单纯接受教师传授知识。

片段四

师：这篇课文为什么要用“诚实和信任”做题目？想想看，还能换个题目吗？

（学生思考。）

生：我们组认为，因为课文讲了作者的诚实得到了小红车主人的信任，所以用“诚实和信任”做题目。我们认为还可以用“诚实和信任比金钱更重要”做题目。

生：我们组讨论之后认为，用“比金钱更重要的东西”做题目也可以。

师：看来你们也得到了比金钱更重要的东西。通过课文学习，你受到什么启发？

（教师指名回答，特意让班上的学困生回答。）

生：老师，我知道了诚实和信任比金钱更重要，我们要做诚实的孩子。

生：我们要向作者学习，他很诚实。

（教师分别为回答问题的小组加2分。）

分析：课堂检测环节，教师主要运用了能贯穿整篇文章的两个问题让学生去展示、回答，并且在第二个问题上特意提问了学困生，让学困生学有所获，享受到成功的喜悦，这也是检验全班学生有没有完成学习任务的好方法。在这个环节，教师引导学生把当堂学到的知识进行展示，如果学生在合作探究阶段没有参与进去，就解决不了教师所设计的课堂检测题。

片段五

师：通过这节课的学习，你一共发言了几次？你觉得你这节课的表现怎么样？你学会了些什么？

生：老师，我发言一次，我觉得这节课我的表现还不够积极。通过这节课的学习，我知道了做人要诚实，要敢于承担责任。

生：我回答了五次，我觉得这节课我表现得很好，不过没有照顾到我们组的其他同学，今后我要鼓励他们多回答问题。通过这节课的学习，我知道了这世界上还有比金钱更重要的东西——诚实和信任。

……

师：你们真诚实！通过学习，你们还知道了要多帮助别人，懂得了要互相谦让。

分析：这是课堂小结环节，教师通过让学生说自己的收获和不足之处来达到总结整节课的目的。在这一环节中，教师引导学生将所学的问题串起来，把知识梳理成线，形成网络。我们的“两步八环节”高效课堂没有对学生的批评，只有学生对学生、教师对学生、学生对教师的纠错、建议，互相督促，共同提高。没有了教师的批评，没有了学生的嘲笑，学困生也树立了学习的自信心。传统的教学，教师在教学任务完成之后，只进行几句简单的总结，体现不出学生的主体地位。让学生来总结，使课堂成为学生学习的天堂，才是我们高效课堂要达到的目标。

片段六

教师逐一出示预习目标，解读预习目标，学生在教师的指引下进行预习。

(1) 借助拼音认读第 21 课《珍珠鸟》的生字，并能用田字格里的生字组词，找出它们在课文中所组的词，联系上下文理解，理解不了的可以先做上记号。

(学生自由学习生字，进行读、写、用。教师巡视，进行个别辅导。)

(2) 把生字带到课文中去，把课文读正确、读流利、读通顺，可以小组合作完成。

(学生读课文，检验自己的生字学习情况。)

(3) 再读课文，找找课文写了小珍珠鸟的哪些外形特征和活动情况。

师：注意抓住重点段落第 3、4 自然段，并把描写小珍珠鸟外形特征和活动情况的语句多读几遍。

(学生自由读第 3、4 自然段，并在小组内讨论。)

(4) 小珍珠鸟是怎样逐步信赖“我”的？

师：注意抓住“起先……然后……后来……”等词语去思考。

(学生根据教师的引导，深入第 4 自然段自主学习小珍珠鸟逐步信赖“我”的过程。教师巡视，相机指导学困生。)

(5) 学了这篇课文后，你从中受到什么启发？

师：每一篇文章学习了之后，我们都能从中学到不少东西，这篇课文给我们的启发也不小，请多读几遍课文，认真思考从这篇课文中你得到了什么启发。现在不能解决的，可以课后解决。

（有答案的学生互相说自己的收获，还没有答案的学生在课后进行思考、交流。）

分析：这一部分是“两步八环节”的第二步——预习引领。教师逐一出示预习目标后解读，引导学生预习，讨论、分享收获，为学生搭建了新知生成的桥梁和纽带，找准新知生长点，为下节课学习新知做好了铺垫。在这一部分，教师做引导、讲解，并提供因人而异的指导，鼓励学生大胆尝试、探究。教师引导到位，讲解到位，特别是方法引领，给了学生足够的自学、讨论的时间和空间。在这里，主导者是教师，这一部分是整个“两步八环节”高效课堂中教师讲得最多的地方，但此部分讲的内容不是给学生讲解问题，而是引导学生用什么样的方法，通过什么样的途径去解决问题，如何进行新知的学习和生成。这是传统课堂没有做到的，传统课堂上，一般情况下教师说一句“下课后预习下一课”就算完事，至于预习效果如何就不知道了。

首先，学生成了课堂的主人，教师是主要组织者、协调者和点拨者。现在的课堂不再像以往的课堂那样死气沉沉，学生在你争我辩的过程中，在相互探讨的过程中不知不觉学会了新知。

其次，“两步八环节”教学模式把预习放到课堂上完成是一个亮点。这样做，一方面，避免了学生在课后不能自主完成预习的情况，减轻了学生课后的课业负担；另一方面，让下节课的新知在这节课初步生成，在下节课的探究学习阶段，学生就可以对这节课的预习内容进行深层次的学习，实现二次升华。整个学期的课堂节节相连、环环相扣，形成一个求知链。两年多来，我发现学生在课堂上有话说了，敢说了，因为他们预习了，收获了。

再次，从这节课的教学过程来看，不管是在哪个环节，我们都会看到教师为小组加分的情况，这是一个创新之处。我们学校每间教室的黑板上都有一张“我为小组争光”的评价表，这是教师评选优秀小组的依据。课堂上，教师的评价与学生无关，学生积极参与学习就可以得到教师的加分，特别是表现突出的学生或学困生展示完整的问题答案时，都会得到教师的高分评价。

但这里有一点需要说明，如果学生没有把注意力集中到当时的学习上，而是关注教师的加分或课堂外的一些事时，教师可以对其适当减分作为惩罚。在课堂结束进行优秀小组评定时，教师可以阐明减分的原因，这样在以后的课堂上学生就不容易因为分神而被减分了，学生的注意力会更集中。“两步八环节”课堂教学模式增强了学生的学习主动性和积极性，学生可以在课堂上尽情发挥，展示自己。

第四篇

探索过程引反思，解决问题是关键

你的课堂提问恰当吗

威信县水田镇水田小学　陈祥芳

新的教育理念要求课堂教学必须以学生为主体，教师为主导。这一角色的转变，使教师在课堂上的提问比传统的课堂增加了许多。解决这些问题的过程其实就是促进学生发展的过程，能直接影响学生的发展。学生的认知能力、情感、态度和价值观要真正地获得发展，只有在学生的主体性得到充分发挥的前提下才有可能实现。而教师在课堂上给学生提供问题情境，就为学生主动、生动、活泼、多元的发展创造了条件。然而，如何才能发挥课堂提问的真正效用呢？这就要求教师在课堂上能恰当地提问。但"恰当地提问"，可不是那么容易做到的。我在多年的听课和授课过程中，对教师课堂上不恰当的提问做了如下总结。

（一）简单提问，流于形式

教师课堂提问的问题可以分为简单问题和复杂问题。在课堂教学中，有的教师为了追求热烈的课堂气氛，往往在备课时设计了大量浅显易答或容易让学生高兴、激动的问题，以使更多的学生对课堂教学做出反应，还美其名曰"活跃课堂气氛"。这种现象在公开课和示范课中屡见不鲜。在课堂教学中提这样的问题其实就像是在"作秀"，表面看起来很热闹，气氛很活跃，但实际上已偏离了创造良好课堂教学氛围这一主题，课堂教学常常以不能突破难点而告终。

（二）故意设问，为难学生

在课堂教学中，学生走神或做小动作是常有的事，有的教师遇到这样的情况，不是采取提醒、暗示的方法来制止学生的这些行为，而是通过提问惩治学生，这种做法导致了三种情况的出现：一是学生能顺利回答，但与教师的提问目的相反，使教师找不到借口教育学生，只好示意其坐下；二是学生答错或不会答，教师则借机大肆渲染，对学生批评指责，影响学生的情绪；三是学生不知所问，感到茫然，起身东张西望，引来其他学生的嘲笑，结果伤害了学生的自尊心，使其对教师产生反感，甚至出现厌学情绪。

（三）择生简问，产生自卑

在班级中几乎都有学困生的存在。有的教师在教学时，喜欢把最简单的问题留给学困生回答，以示鼓励。但在多数情况下，学生会把这种做法当作是一种典型的“恩赐”，经常如此，会让这些学生认为老师是看不起自己从而感到自卑。特别是在公开课和示范课上，学生都不愿意得到这样的“恩赐”，因为在听课的教师的眼中他们成了学困生。

（四）高频提问，分散注意力

有些教师在提出问题后，如果学生没有在短时间内做出回答，就会重复提问，或重新加以解释，或提出别的问题让其他学生回答，而不给学生足够的时间去思考问题、形成答案并做出回应。这种连珠炮似的发问，不但不利于学生对问题做深入的思考，而且分散了学生在课堂上的注意力，一节课下来，学生满脑子都是没弄懂的问题。

（五）判断不明，定位不清

学生回答问题难免有不完全对或完全不对的时候。有的教师在学生回答之后，明知答案有错误，但为了不伤害学生的积极性与自尊心，就对学生的答案不做出明确的判断，而给学生做出如“你还需要多加思考”之类的回答，这样的评价让学生难以分辨自己回答的准确性：既然正确，还思考什么？教师的这种做法会让学生对自己的能力产生怀疑，导致对所学知识模棱两可。

课堂教学可以从问题开始，通过问题激励学生去学习、去思考、去探索、去创造。但是教师的提问需要融入知识、智慧和美德，关注学生的情感、态度和价值观。教师应该巧设提问，让学生真正体会到思考问题、回答问题的意义和乐趣，从而达到提问的目的。只有这样的课堂提问，才能体现素质教育的新理念，提高课堂教学的质量。

在课堂中培养学生发现问题的能力

威信县水田镇龙洞小学　向云龙

著名教育家陶行知说过：“发明千千万，起点是一问。”问题意识是思维的动力，是创新精神的基石，是学生探求问题并解决问题的保证。学生问题越多，创造的欲望就越强烈；反之，问题越少，创造的动力就越小。新课标指出：“初步学会从数学的角度发现问题和提出问题，综合运用数学知识解决简单的实际问题，增强应用意识，提高实践能力。”因此，培养学生的问题意识，提高学生发现问题、提出问题的能力，具有十分重要的意义。那么，我们该如何培养学生的问题意识，让学生敢于提问、学会提问、善于提问、在提问中获取新知呢？

（一）教给学生提问的技能，培养学生问题意识

有的学生想对一些知识提出自己的想法，但由于缺乏提问的技能而不知该怎么提问，所以教师要教给学生提问的技能，培养学生的问题意识。

（1）发挥教材作用。教材中图文并茂的主题图或练习题为学生提供了一个个与生活紧密联系的情境。对教材中出示的问题，学生经过预习和交流讨论后还搞不清楚的，就要把这个问题做好记录，以待教师指导。教师要鼓励学生从教材中发现问题、提出问题。解决问题后，教师要让学生说说采用了哪些方法以及解题的过程，让学生再次经历解决问题的过程，加深理解。

（2）从课题切入。教师让学生从课题切入提出问题可以使学生明确学习目的，同时学生提出的问题也有利于教师制订教学目标，有利于激活学

生求知的欲望，增强学生的主体意识。例如，教学“小数的意义和性质”时，教师可以先让学生说说生活中的小数。然后针对课题指导学生质疑：“对于小数，你还想知道些什么?”将提问的主动权交给学生，让学生主动求知，变“要我学”为“我要学”。这样既能培养学生提问的勇气和能力，也有助于学生养成爱提问、善提问的良好习惯。

(3) 从新旧知识的联系上找问题。如教学“小数的加减法”时，教师可以先让学生回忆已学过的整数的加减法，然后再出示本节课要学习的内容，让学生提出问题。

(二) 消除心理障碍，让学生敢于提问

敢于提问是一种良好的心理行为。学生在课堂上能大胆提问，是主体精神的充分体现。美国心理学家罗杰斯认为：“成功的教学依赖于一种真诚的理解和信任的师生关系，依赖于一种和谐安全的课堂气氛。”我认为营造一个积极的课堂氛围是让学生敢于提问的先决条件。正如苏霍姆林斯基所说的：“学习——这并不是教师机械地把知识传授给学生，而首先是教师与学生的关系。学生对知识的学习态度，在很大程度上取决于他对教师的态度。”只有建立和谐民主的师生关系，学生才能思维活跃，倾吐心声，大胆发问。因此，在课堂教学中，教师要把微笑带进课堂，收起严肃的面孔，换上亲切、和谐的笑脸，用幽默、风趣的语言，为学生创造良好的学习氛围，努力消除学生在课堂学习过程中的紧张和焦虑。

(三) 设计有效的课堂问题

高效课堂的成败，课堂效率的高低，不仅取决于教师的知识水平、语言表达能力、评价艺术等，还取决于教师的教学组织能力。新课标指出：“学生是学习的主体，教师是学习的组织者、引导者与合作者。”数学课程的一切教学活动都要围绕学生的发展展开，学生是课堂的主人。当然，这并不是说，为了迎合新课程改革理念，为了体现学生的主体性，教师就该放手不管，让学生在数学课堂上随心所欲，而是指学生要在教师的精心组织下，围绕课堂教学目标，充分利用课堂 40 分钟，在有限的时间里进行

有组织、有纪律、高效率的数学学习。可是，教师怎样组织、引导并参与学生的数学学习呢？我认为，关键还在“问题”二字。教师课前应当充分预设每一个教学环节的引导性问题，并根据学生在课堂上不断生成的新的问题，调整、重组教学设计，灵活机动地组织教学。

（四）发挥小组合作探究的作用

有效地发挥小组合作学习的作用，给学生营造一个民主、和谐的学习氛围，为学生敢于发表自己的看法和意见创造条件。每个学生在经过预习后都能提出至少一个问题，经过小组讨论和交流，把在小组内讨论后不能彻底解决的问题做好记录，在第二天的学习中汇报展示。学生的情感和信心会在学习和展示中得到发展。同时，学生通过展示既展现了自我，发展了个性，也体验到了成功的喜悦。

总而言之，“问题是数学的心脏”，有了问题，学生的思维就有了方向；有了提出问题的能力，学生就敢于提出问题，善于提出问题。只要学生在课堂中能够提出问题，在学习中有新发现，就能进一步增强学习的积极性，培养探索精神，从而逐步发展自我和完善自我。

如何培养学生良好的学习习惯

威信县水田镇水田小学　陈祥芳　周贵春

高效课堂是以学生为本，着眼于学生发展，符合教育规律的一种课堂。在高效课堂推进过程中，学生合作思考、交流、倾听、表达习惯的养成尤为重要。自从我校实施“两步八环节”课堂教学模式以来，我们把小组合作学习落实到课堂，使学生从开始的好奇，到课堂的实践，再到逐步成熟产生新问题、解决新问题，经历了由实践到反思，到再实践再反思的过程。在这一过程中我们发现，要想使小组合作学习的效果达到最优化，小组建设是前提，学生思考、交流、倾听、表达的学习习惯是关键。课堂教学中如何培养学生思考、交流、倾听、表达的学习习惯呢？下面谈谈我们的一些做法。

（一）培养学生思考的习惯

善于思考的人对事情都有自己的见解，而且是趋于正确的见解，爱思考的人不会随声附和，人云亦云。爱因斯坦曾说：“学习知识要善于思考，思考，再思考，我就是靠这个学习方法成为科学家的。”可见思考的重要性。所以我们的教育应该帮助学生掌握思考的方法与技能，使学生走出单纯的知识记忆，培养学生善于联想、敢于判断、勇于创造的素质，进而学会学习。

教师该如何培养学生思考的习惯呢？首先，教师提出的问题应该具有一定的深度和广度，因为太简单的问题学生很容易就能解决，就不能启发学生进行深入思考。其次，提出问题后，教师要引导学生先看清题目，明白问题问的是什么。再次，教师要给学生一点思考的时间，思考要用哪些知识点去解决问题。最后，学生思考之后，要理清思路，组织好语言，通过小组交流把自己的见解与组内同学分享。在教学中，教师还要引导学生不迷信教师，不迷信书本，敢于思考，大胆提出自己的疑问与见解。当然，课堂中还要尽量减少一些不假思索、齐答问题的现象。

（二）培养学生交流的习惯

交流是组内成员之间、组与组之间及师生之间，在知识、思想和智慧等方面的撞击。通过交流，学生可以生成新知，解决问题。但是如果学生在小组内不能进行有效的交流，只是盲目地组织在一起，就会流于形式，无助于学生学习。为使学生在小组交流时能任务明确、秩序井然、有效地进行，我们认为培养学生的交流习惯非常重要，可以从以下几点进行。

（1）合理安排交流对象。一、二年级主要是结对子学习，两人一对，强弱搭配。三年级及以上的班级可以根据学生的特点分成不同的小组，对学生进行编号。例如，四人一组，可把学优生定为1号并担任小组长，中等生定为2号、3号，学困生定为4号。组内成员异质，组间同质。在学习中，教师可以根据学生的情况适时对学生做调整。

（2）选择恰到好处的教学时机让学生进行交流。

（3）交流时，学生的发言要有序进行。上课时，遇见疑难问题就让学生在小组内进行交流，他们对某个问题有一定的见解时可以大胆发言，讲述自己的观点，但发言要有序进行。对子交流时，一人说，一人听，说出自己的想法和做法。一般先由学困生说，然后优秀生再补充；如遇到较难的问题，就由学优生先说，学困生听后再复述。如能复述清楚，就说明学困生会了，若不能复述，再次让学优生说，学困生听，能起到一帮一的作用。小组交流时，可先从4号起，再按3、2、1的顺序进行；也可在组内结成对子交流，如4号与1号结对，2号与3号结对。无论是对子交流还是小组交流，教师都要对学生提出要求：①组员说完后，组长要把组员的意见进行综合，再反馈，取得全体组员的一致认同；②对于较难的问题，如果组员无法解决问题，组长可以先讲，组员认真倾听后再发表自己的看法；③每次小组讨论，人人都要发言，因为小组讨论是一种很有效的学习方式，既能提高学生对问题的认识和语言表达能力，又能增强学生的合作能力。

（4）交流前先让学生自主思考，再在组内发表自己的观点，有不同意见共同讨论，提高学习效率。

（三）培养学生倾听的习惯

倾听，是指学生在课堂上对教师或同学的见解能认真地听。它是课堂互动的基础，学生只有有效倾听教师的引导和要求，才能明确课堂活动的要求，实现师生对话；只有有效倾听同学的发言，才能理解别人的思想，实现生生对话。

在小组合作学习或者交流时，很多学生都急于发表自己的意见，在别人讲的时候，只想着自己的答案或常常打断别人的话；回答问题时，如果没有获得机会，就无精打采，精力不集中。总之，他们不能保持安静，认真倾听。培养学生倾听的良好习惯应从以下几个方面进行。

（1）加强对学生的思想教育。让学生明白倾听是对别人尊重的表现，更是一种心胸和智慧。别人发言时，要认真听别人讲的是什么，与自己想的是不是一样，谁讲得更有道理。通过听别人讲，从不懂到懂，从不理解到理解，从理解不全面或不正确到理解全面或正确，从而提高自己的学习效率。

（2）加强纪律管理。没有纪律就没有效率，如果谁在别人没发完言时就抢着回答，可在评价表中扣掉其小组的得分以示惩戒。

（3）培养学生的小组荣誉感和团队意识，激励学生为了小组荣誉而自发约束自己的行为。

（4）看到有学生走神或随意讲话时，教师可用眼神提示，或用口令提醒，督促学生认真倾听。

另外，教师可以让学生复述发言内容，多表扬认真听的学生，在潜移默化中培养学生倾听的习惯。

（四）培养学生表达的习惯

善于表达是指小组内的一名成员或几名成员之间能流利地、逻辑性较强地阐述自己对问题的看法。学生清楚地把自己的意思表达出来，能极大地提高他们的自信心。学生大胆地发表自己的见解、展现自我也是新课程所倡导的。因此，课堂上让学生学会表达非常重要。要使表达更有效，教师在教学中要注意以下几点。

（1）要为学生营造轻松的表达与交流的氛围。

（2）学生的表达要在充分准备的基础上进行。

（3）精心设计表达与交流的话题。当学生在表达上出现问题时，可由小组的其他成员进行补充，本组成员不能补充的，可以由其他组的学生补充。

（4）提问要面向全体学生，要让更多的学生参与到教学情境中，给每个学生尽可能多的表达的机会。不要每节课只由几名学生回答问题。

（5）让进行表达的学生接受其他组学生的提问，锻炼学生的应变能力。

（6）教给学生表达与交流的方法与技巧。例如，表达时口齿要清晰，要自信大胆，把观点说清楚、说到点子上等。

总之，只有学生养成了思考、交流、倾听、表达的良好学习习惯，小组合作学习才能有序地进行，高效课堂才能更有实效，学生的学习才能更加有效。更重要的是，良好的学习习惯能为学生的健康成长、终身学习奠定基础。

教师在学生探究学习过程中的作用

威信县水田镇龙洞小学　林　潇

探究学习是指学生通过动手操作、合作交流等来探究知识、发现规律的一种学习方式，是培养学生探究能力的一条重要途径。这种求知的方式符合学生学习的特征，能够真正激发学生学习的内驱力、好奇心与求知欲，使学生进入一种智力活动的最佳状态。在“两步八环节”教学模式中，我们强调学生是学习的主人，是课堂的主角；教师是学生学习的组织者、引导者与合作者，是课堂的导演，教师主要发挥的是引领作用。在探究学习的过程中，我们不仅强调学生的积极参与，同时也强调教师合理有效的引导。

（一）教师角色的转变有助于学生探究

探究学习强调学生学习的自主性，同时，也注重教师的指导作用，要求教师在学生的学习过程中要发挥组织者、协调者、点拨者的作用。学生是学习的主人，他们在课堂上的展示能反映出他们学习的得与失。因此，当学生在进行探究成果的汇报展示时，教师一定要认真倾听学生的汇报，当学生对某个问题发表个人见解或小组意见之后，教师要及时对学生的展示进行点评，给予恰当的评价。

在传统课堂上，学生的学习是被动的，教师是课堂的主导者，学生如何学、学什么都由教师来决定。而高效课堂则是把学生从传统课堂的教育方式的束缚和压抑中解放出来，教师由知识的传授者变成了学生学习的促进者，成了学生成长的推手。在高效课堂中，教师不能因为怕学生说不出来、说错或说得与教师课前设计的不一样而不让学生说。教师要善于倾听学生不同的声音，对学生错误的回答或不合理的见解不能只批评，而要在学生探究的难点上做适当的点拨、引导，帮助学生走出困惑。同时，教师还要注重引导学生从“学会”向“会学”发展，引导学生对探究的问题能举一反三，通过一题多变、适当增减或更换问题的条件等方式，开阔学生的思维，培养学生的思维和创新能力，激发学生的学习兴趣和竞争意识。

（二）教师的引领有助于学生探究

在学生探究学习的过程中，教师作为学生学习的引领者，除了要创设探究氛围，以及有意义的问题情境或教学活动，还要在学生探究的基础上抛出充满智慧挑战的问题，激发学生的求知欲望和探究兴趣，满足学生的好奇心。为了保证学生能真正参与到探究学习中，教师还要找机会呈现一些提示性的线索进行引导，或提供一些解决问题的策略，保障学生自主解决问题的课堂秩序，使学生始终保持高涨的探究热情，促使探究活动有效地进行。当然，教师展示的这些提示性的线索并不是学习内容的直接呈现，而是对学习内容及时的、建议性的提示，或提供方法指导，或帮助制订可行性方案，或启发学生进一步预测等。例如，在学情展示环节，学生分享预习成果遇到了问题时，在合作探究环节，学生对本节课的重难点进行合作探究时，教师的主要任务就是走到学生中间，参与各组的交流讨论。对那些合作学习有困难的小组，教师要进行帮扶、引导、提示；对合作学习较好的小组，教师要另提问题，引导组内拓展，提高探究的深度和高度。在学生进行汇报展示时，教师不能在学生做出肤浅的回答后就叫停，而要让学生继续深入下去，也就是根据教师的引领让学生对难题做更深层的探讨。另外，教师还要及时把教学活动转移到新内容上，做到知识的有效迁移，让学生在不断的合作交流中、在思想的不断碰撞下获得问题的解决办法。

学生的探究学习不只局限在 40 分钟的课堂上，上下课铃声不是教学的起点和终点。教师要注意问题的延伸，要想办法给学生创设自由开放的时间和空间。学生对周围世界的好奇心和积极的求知欲是与生俱来的，教师要根据教学内容的特点和本地实际，带领学生走出课堂，走进生活，走进大自然。例如，在合作探究环节，一般情况下学生在探究本节课的知识时会遇到一些不能及时解决的知识难题，教师不要让学生带着遗憾下课，而是给学生支招、提示，让学生在课后想办法解决自己的疑问。这样做，不仅有助于提升学生探究知识的能力，也有助于学生对知识的积累，达到知识的整合。

（三）教师的评价有助于学生探究

激励、唤醒、鼓舞，这是教师组织高效课堂的三大法宝，有助于培养学生浓厚的学习兴趣和求知欲望，营造生动活泼的课堂气氛。精彩的课堂激励评价，能让学生获得自信和成功的体验，激发学生的学习动机，诱发学生的学习兴趣，进而激励学生主动学习，提高学生的学习能力。在课堂教学过程中，特别是在学生探究学习阶段，教师要善于运用语言、体态、小组加分等多种形式对学生进行评价、反馈，以达到激发学生学习兴趣、营造课堂气氛的目的，促进三维目标的完成。

在对学生的回答直接给予语言上的肯定时，教师的评价语言一定要有针对性，不要用“很好”两个字就代表所有的肯定，而要根据实际情况说一些激励话语，如“在这个问题上，你可以当老师了！”“你表达得这么清晰，老师真希望每节课都能听到你的发言！”“你用的这个词语老师很喜欢！”“这么难的题你都能回答得这么完整，真了不起！”“从你回答的问题可以看出，你平时学习一定很用心！”“敢于向书本提出问题，你真是个善于动脑筋的孩子！”教师还可以用一些亲昵的动作、夸张的表情对表现好的学生加以肯定，对表现不好的学生（回答问题不完整的、由于紧张而话语不通顺的、回答错误的）进行安慰、鼓励，如摸摸他的头、和他击掌、为他竖大拇指等。教师还可以运用加分的方式对个人及小组进行激励。例如，我们学校各班教室前面的黑板右下角都有一个“我为小组争光”的课堂评价表，教师可以根据各组学生的表现对小组进行相应的加分，平常的回答可以加 1 分，而对问题的回答有创新的，或学困生主动抢答的，可以加 2 分或 3 分，这样做可以提升学生合作学习的参与度，鼓励学困生主动参与。

教师的课堂激励评价有利于学生克服探究学习的心理障碍，学会自主解决问题，并逐步获得探究学习的自我学习方法和小组学习方法。教师的评价能鼓励学生通过自己的独立思考和判断，提出独特看法，掌握探究学习的方法；引导学生善于用多种方法解决问题，从而培养学生的探究能力。

自主探究、预习引领是“两步八环节”教学模式的核心所在，意义就在于培养学生的自主学习能力和良好的学习习惯，切实有效进行课堂教学改革，真正体现师生之间、生生之间和谐与灵动的关系。教师变以往的研究教法为研究学法；转变教学观念，让学生真正成为学习的主人，教师要真正发挥组织者、引领者、点拨者的作用，把学生引到探究学习的正轨上来。教师角色的转变、合理的引导、有效的评价能激发学生的学习兴趣，使学生在探究学习的过程中得到发展，提高学生的学习能力和学习效果，真正做到课堂的高效。

怎样有效指导学生预习

威信县水田镇中心学校　肖俩跃

著名教育家叶圣陶先生说过，预习是求知过程的一个良好的开端，是学生自觉运用所学知识和能力，对一个新的认识对象预先进行了解、求疑和思考的主动求知过程。他还说，学生通过预习，自己阅读课文，得到理解，当讨论的时候，见到自己的理解与讨论的结果正相吻合，便有独创成功的快感；或者见到自己的理解与讨论结果不甚相合，就做比量短长的思索；并且预习的时候绝不会没有困惑，困惑而没法解决，到讨论的时候就集中了追求解决的注意力。这种快感、思索与注意力，对鼓舞阅读的兴趣，增强阅读的效果，都有很高的价值。因此，在我们倾力进行“两步八环节”教学模式研究时，指导学生有效预习是非常重要的。

（一）明确预习的重要性

预习是学生在教师指导下对学习内容有目的、有计划地自我摸索、自我动脑、自我理解的过程，是学生自主学习的必要途径。对学生而言，预习的重要性大致可以归为三个方面。

（1）预习具有指导性意义。通过预习，学生可以对课堂上要学习的内容有大概的了解，对重点、难点、新旧知识等做到心中有数，从而在课堂学习过程中做到方向明确、重点突出。

（2）预习具有调节性意义。课堂上，学生的精力和思维不可能时刻高度集中或随时兴奋。通过预习，学生可以把主要精力放在重点、难点及不熟悉的内容上，在已经弄懂的知识上少花精力。这样，学生的思维一张一弛，使学习更具目的性和有效性，学习目标更清晰、明确，避免了学习的盲目性。

(3) 预习具有启迪性意义。通过预习，学生可以发现问题、提出问题，通过合作学习分析问题、解决问题，从而培养学生独立思考的能力和合作学习的能力。

(二) 怎样有效指导学生预习

(1) 向学生提出全面的预习任务。也就是说，预习的任务应涵盖学习内容的所有知识点。例如，阅读课文的教学就可以根据字、词、句、段、篇的结构，给学生提出具体的预习任务。

(2) 制订明确的预习目标。教师根据不同的课型向学生提出预习应达到的目的和要求，“以本定标，以标导本”，让学生知道在预习中应该明白什么、注意哪些问题。

(3) 选择恰当的预习方法。教有法，但无定法。要使学生的预习达到事半功倍的效果，教师在指导学生预习时，应根据预习的内容选择恰当的预习方法，例如，朗读识记式、听力训练式、发现问题式、排除障碍式、材料准备式、系统归纳式、阅读理解式、习题解题式等。

(4) 给学生自主预习的空间。要想让学生学会预习，首先教师必须给学生预习的足够空间，正如为种子提供发芽生长的土壤一样；其次是落实家校联合制度，充分调动家长参与学生的预习，为学生的课外预习提供有利的条件和时间。

(三) 重视预习方法的指导

方法是解决问题的重要策略，一个人掌握了好的学习方法，就如同掌握了打开知识宝库大门的“金钥匙”。所以，要想使学生掌握良好的预习能力，教师就必须教给学生正确的预习方法。在语文阅读课文教学中，可以采用以下预习方法。

一看：就是利用工具书，解决生字、新词，初步了解新的知识，画一画、圈一圈好词佳句，为理解和掌握新知识做准备。

二读：“眼过三遍，不如嘴过一遍。”学生可以放声诵读或用自己喜欢的方式读课文，把课文读通顺、读流利。这对理解文章很有好处。

三做：就是把在预习中发现的尚不明白的地方，以及通过查阅资料、参与讨论解决的问题的答案、心得体会等用笔记下来，为进一步研讨、听课和积累资料做好准备。

四思：通过一系列的预习活动，学生对课文的内容、特点有了初步的了解。这时，还应该静静思考一下，这篇课文在文字、语句、内容、知识、思想意义、布局谋篇上还有哪些问题不太清楚，需要在上课时认真听教师讲或向同学、教师请教。对于这些问题，有的可以直接在书上做记号，有的最好书面写下来。

五练：尝试练习，检验预习效果，这是预习不可缺少的过程。学生经过自己的努力初步理解和掌握了新的知识，可以通过做练习或解决简单的问题来检验自己预习的效果。这一步既能让学生反思预习过程中的漏洞，又能让教师发现学生学习新知识时较集中的问题，在课堂教学时就能抓住重点，突破难点。这里应该注意的是，学生的预习绝对不能脱离课文的思考训练题，不能孤立地去自学、自读课文。

总之，预习在学生的学习过程中有着不可低估的作用，教师必须将培养学生的预习策略纳入学科的整体教学之中，把预习作为学习知识、培养技能的重要组成部分，这样才能不断提高课堂教学效率，培养学生终身自主学习的能力。

如何促进学生预习

威信县水田镇中心学校　查兴贵

良好的课前预习习惯，是学生学习过程中进行主动探究和创造性学习的前提、先导。课前预习并不只是简单地翻翻课本，而是一种按照既定计划学习新教材的创造性活动。在农村，留守儿童多，家长文化水平不高，社会育人环境氛围不浓，学生自主学习、自控能力比较差，影响着农村小学教育教学的质量。学生能否自主预习，预习效果怎样，直接关系到学生自学能力的提高，关系到课堂教学的效益和高效课堂的构建。下面我就结合教学实践，谈谈构建高效课堂、强化学生自主预习需注意的几个问题。

（一）心灵沟通，融汇自主预习内涵

布鲁纳说过："知识的获得是一个主动的过程，学习者不应是信息的被动接受者，而应该是知识获得的主动参与者。"为了把握听课的主动权，提高学习效率，学生进行有效的课前预习非常重要，应该在新授课之前有目的、有计划地完成自主探究学习。要让学生明白课前预习的重要性，积极主动地开展课前预习，教师需要动之以情，晓之以理，让学生愉悦接受，变被动为主动，认识到预习的重要性，养成良好的自主学习习惯。

（二）创设空间，激发自主学习欲望

要让学生有持久的预习动力，养成预习的习惯，对学习有浓厚兴趣，教师首先要为学生提供自主预习的空间，让优良的种子在合适的土壤里生根发芽、开花结果，让学生在自主探究中培养积极的情感和浓厚的学习兴趣。我们的高效课堂致力于构建民主、和谐、开放、富有活力的课堂，提倡先学后教，当堂训练，提高课堂教学效率，促进师生共同发展。我校秉承高效课堂教学理念，推行“两步八环节”教学模式，要求教师利用课堂教学后10分钟左右的时间让学生进行自主预习，开展组内合作，发挥教师引领作用，把学生的学习从课内延伸到课外。教师通过方法引领，让学生尝试练习，给学生留下思维拓展的时间和空间，激发学生自主学习的欲望，不断提升他们探究的能力。

（三）方法指导，培养学生学习能力

关于学习方法的知识，既是学生知识体系的重要组成部分，也是学生能力结构的重要组成部分。教师要根据学生学龄段教给学生预习的方法，培养学生自主预习的能力。这要求教师在备课时要精心组织，依据不同的教学内容、不同的学龄段，设计出不同的预习方法，让学生边自主求知，边自主悟法。首先，教师要提出明确的预习目标、预习内容，使目标知识化，知识问题化。其次，教师要提出具体的、可操作的学习要求，便于学生合作探究、知识迁移、尝试练习。再次，教师要适时给学生方法上的指导、点拨，学生在自主、合作预习时，教师要巡视监督、个别辅导、帮困解惑、方法引领，增强学生自主学习的信心。正所谓：授人以鱼，仅供一饭之需；授人以渔，则终身受益无穷。

（四）孕育情理，赏识合作探究过程

高效课堂要求构建民主、和谐、开放、富有活力的课堂，提高课堂教学效率，促进师生共同发展，提升教研活动实效。高效课堂教学倡导先学后教，当堂训练，让学生在参与中发现、在合作中创新、在交流中吸收、在对抗中质疑、在倾听中完善；讲求自主、合作、探究、展示、纠错、点拨、拓展，要求学生学会与人共处，敢发言，会发言，形成良好的学习习惯和积极的人生态度。在高效课堂的合作探究过程中，学生能体验成功的喜悦和失败的辛酸，这需要教师孕育情理，赏识学生合作探究的过程，感

受学生在学习过程中的努力付出。

高效课堂的民主、和谐、开放和富有活力为学生营造了良好的学习氛围，活跃了课堂，解放了学生，发动了学生，发展了学生，发挥了学生个性特长，使素质教育、高效课堂得到了落实。

高效课堂中的小组建设

威信县水田镇中心学校　查联智

要实施高效课堂，小组建设十分重要。因此，在实施高效课堂的过程中，教师要充分认识小组建设的重要性，自觉在课堂教学中做好小组建设，不断总结和改进班级小组建设，使小组学习在高效课堂实施中不断激励学生自主学习、合作学习、探究学习、展示自己、互帮互助、快乐学习、快乐成长，促进学生向更高的目标迈进。

通过相关理论的学习，结合我校高效课堂的开展情况，总结我校实施高效课堂的实践，我认为在小组建设中应该做好以下几方面工作。

（一）教师充分认识到小组建设的重要性是前提

教师必须切实转变教学观念，较好地认识和运用以下重要理念。

（1）理解合作学习的运作理念，了解合作学习的优势。合作学习过程中小组成员有着共同的目标，只有当组内所有的组员都达到了目标时，才算达成了目标，因此，组员之间必定会形成积极的相互促进关系，只有这样团队的力量才能很好地展现。

（2）树立学生主体观的理念。课堂教学的最根本任务是促进学生的发展，在小组学习过程中，让学生自主学习、交流讨论、相互帮助、完成作业及其他学习任务，他们都能积极参与其中，体验知识的生成，学习知识，形成能力。

（3）树立教育面向全体学生的理念，促进学生全员参与。实施素质教育就是要面向全体学生，全面提高教育质量。在小组合作学习中让学优生帮助学困生，让每个人都得到提高和锻炼，并积极参与学习、自由发表意见，在交流讨论中学会和会学知识，最终都学有所获、得到进步、共同提高。

(4) 树立创新教学观的理念。小组合作学习通过民主形式的讨论，创设了宽松的学习气氛，使学生学习的自主性、主动性和创造性得到展现，学生不仅学到了文化知识，体验到了前人对知识的创新过程，也学会了学习、学会了创造，这是学生学会创造的极好方式。

(5) 强调落实教师主导观的理念。在小组合作学习中，教师的作用十分重要。教师要为学生制订明确的学习目标，以及学习的重点、难点和关键，引导学生进行学习、思考、展示和总结，还要给学生鼓励，指导学生合作参与。

(6) 确立建立新型师生观的理念。新型师生观能使师生、生生间达到地位平等、情感沟通、亲密无间的状态。

(7) 把握信息同步的理念。课堂教学是师生共同参与的创造性活动，教师输出的信息和学生输入的信息必须保持同步，才能做到课堂行动和思维的和谐统一，才能激活学生的接受能力和反馈能力，才能保持活跃的情绪和积极进取的精神。

教师只有具备了以上各种理念，教学观才能发生根本变化，才会有为学生终身发展负责的责任感。通过小组学习可以培养学生的品质与能力，培养学生与他人合作的习惯与精神——与他人合作是当今社会的需要；可以培养学生的交往能力——交往能力是人更好地生存和发展的必备能力；可以培养学生的创新能力——创新能力是一个国家兴旺发达的不竭动力。合作学习是一个知识不断生成、不断建构的具有创造性的过程，有利于学生素质的提高。当今社会存在激烈的竞争，作为培养未来劳动者的学校，就应该培养学生的竞争意识，使他们具有较强的上进心；将具有不同学习能力、学习兴趣，性别、个性的学生分配在同一组内，相互之间可以相互启发、补充，学生间的关系更平等、更民主；无论是在学习还是在生活中，失败总是存在的，在学习过程中要挖掘学生的潜能，培养他们对挫折的心理承受能力，在组内合作学习的过程中真诚地合作，公平地竞争，在合作与竞争的过程中逐步完善人格，养成良好的心理素质，更好地激励自己主动学习。在教学过程中，教师可以留一些问题让学生合作讨论，让学生主动参与学习。在学生合作讨论过程中，学生或多或少得出一些结论，没有完全解决问题，教师稍加点拨，学生就会对各种方法和结论留下深刻的印象。由于其中有学生自己的成果，他们就会很自信，产生强烈的学习愿望。同时，小组合作学习的优势也使教师看到了自己的成功，能促进教师形成正确的教育观。

（二）在小组建设中，合理分组和科学管理是关键

一般来说，从小学三年级开始分小组学习就会取得较好的效果，但学习习惯要从低年级开始抓。对于一年级学生学习习惯的培养，重在倾听的习惯（复述教师、同学的话等）、表达的习惯（能正确、大胆地朗读课文，叙述一件简单的事等）。从二年级开始，在继续抓好倾听和表达习惯的基础上，教师要根据教学内容逐步培养对子学习的方法（对子间相互帮助、纠错；全班学习时，认真倾听其他同学的发言，相互补充、纠错）。从三年级开始进行分小组学习，每小组4～6人，组内结对便于帮扶，分组按照组间同质、组内异质的原则，人数不能过多，过多不便于管理与学习。学生可以坐成马蹄形，教师绘制出小组评价表，学生推选出小组长，小组长一定要有服务精神，各小组自己商定组名，并对自己组名的意义进行说明，激励学习斗志。教师还要抓好对小组长的培训，激励他们努力为小组服务；鼓励和帮助组内有困难的同学，共同为小组的进步而努力。组织小组学习时应力求做到：科学分组、合理分工，加强培训、培养习惯，问题新颖、目标明确，合作探究、适时指导，汇报展示、鼓励创新，课堂总结、多元评价，制订规则、加强管理。在推进小组学习的过程中，还要做好以下几方面的工作。

（1）学习规范。学习过程中，自学人人自觉、合作人人参与、讨论人人发言，要特别关注学困生和不爱说话的学生；组内讨论时，学生应主动站立，向小组中心稍倾斜，声音不能过大，本组能听清就行，不能影响其他小组；小组讨论之前，先对子交流、纠错；对子之间合作时，只要坐着

能合作就可以不站立；适时使用口令，统一学生行动；教师在讲台上讲解、同学在讲台上展示时，要求学生调整坐姿，认真倾听；定时调整组内座位顺序和座位的变化，学生的座位号也应随座位的变化而变化。

(2) 交流深入。深入交流必须以学生的自学为基础，交流的时间要充分，交流的问题要有价值，要紧紧围绕学习的重点、难点，促成新知的生成。自主交流讨论时，要创设民主、宽松、和谐的学习氛围，激发学生积极的思考和表达。通过对子合作能解决的问题，没必要再进行小组合作。

(3) 职责轮换。在学生已经形成小组合作学习习惯的基础上，各组内学生轮流当组长。组长要对下一次当组长的同学给予帮助和指导，使其通过不断的锻炼也能组织组内合作学习、汇报小组学习成果，从而真正做到面向全体学生。

(4) 把握机会。在小组讨论时，要避免学优生或组长搞“一言堂”，不能让不爱开口说话的学生或学困生长期处于听的角色。要调动学困生参与讨论，教师应要求组内讨论时先让这部分学生发言；讨论完成后，教师可以根据问题的难易程度，让某个或某些号码的学生回答，或相互补充，给小组以平等竞争的机会，提高全体学生参与的积极性。

(5) 结对帮扶。小组内成员有差异能更好地完成共同的学习目标。组内进行结对，互相帮助，共同提高，能培养组内团结和谐、积极向上的学习风气。

6. 文化建设。班级要营造促进学生自主学习、合作学习、探究学习、大胆展示的文化氛围。这种文化氛围来自教师在引导、评价、总结时对学生的激励，来自于促使学生积极参与、勇敢自信、大胆展示的氛围创设，还要注意班级教室的布置、小组组名的鞭策效应、激励性口令、校园激励性语言等。

7. 表彰奖励。对小组的评价必须做到事事有评价、课课有评价、科科有评价、天天有评价、周周有小结、期期有总结。评价要具有激励性、鼓动性。要保持小组学习的优势，进行公正的评价和奖励，主要可以采取以下形式：①将每个学习小组检测时的总分进行汇总，按照小组的总成绩或平均成绩，对优胜小组进行奖励；②按小组平均分和班级平均分之间的差值，与评价时的小组平均分和班级平均分之间的差值进行比较，以分值来确定奖励程度，上升幅度高的为优胜者；③一个小组完成一项集体任务得1分，按天或按周记录在记录本上，将其在一段时间内得到的分数作为这个小组每个成员的得分来进行奖励；④将小组检测分与平时的小组评价相结合进行奖励。

要抓好班级小组建设，真正落实学生的自主学习、合作学习、探究学习，使课堂更高效，落实三维目标，教师一定要克服过去那种“我不讲、你不懂，我多讲、你多懂”的一厢情愿的做法，把课堂还给学生，让学生做课堂的主人，使课堂成为学生一次次成功、一次次感到震撼的课堂。美国的一项研究结果表明：学生听教师讲课可获得5%的知识，自己看书可以获得15%的知识，做练习可获得75%的知识，自己自学后再教给别人可获得95%的知识。由此可见，耳朵听的容易忘，眼睛看的也不理想，做练习有一定的成效，自己学了再教给别人效果最好。当然，在这个过程中，教师要发挥主导作用，必须保证课堂学习目标明确，选择恰当的内容，提前进行指导，控制小组差异，使每一位学生都有成功的机会，都能享受学习的快乐。教师要自信，也要鼓励学生自信；教师在课堂上要充满激情，也要唤起学生学习的激情；教师要充分激发学生自学、探究、合作、展示、纠错的欲望，使学生学习时有无穷的动力；教师要潜心研究自己的课堂，让自己的教育人生充满光彩。

为了实现高效的课堂，教师必须切实抓好班级小组建设，选择恰当的导法与学法，为学生的学习营造良好的氛围，为学生的持续发展和成功成才打下坚实的基础。

如何有效发挥小组合作学习的作用

威信县水田镇水田小学　陈祥芳

随着教学改革的不断推进，小组合作学习走进我们的课堂已有近三年的时间了。小组合作学习方式在课堂上给予学生自主合作学习的机会，让学生在轻松、欢快的气氛中，通过活动和探索获得了知识，提高了能力，这比传统教学模式收到的效果好得多。在这近三年的实践中，我们已经深深地感受到小组合作在学生学习中的重要作用。

（一）小组的分配

为使小组成员在交流时任务明确、秩序井然，通过讨论、交流、辩论达成本组内意见的统一，我们做出以下规定。

1. 合理编排小组。一、二年级主要是对子学习，两人为一对，强弱搭配，在交流时学生各自说出自己的想法和做法，一人说，一人听，一般先由学困生说，然后学优生再补充。遇到较难的问题，就由学优生先说，学困生听后再复述，如能复述清楚，就说明已经掌握。三年级及以上的班级就要根据学生的特点分成不同的小组，并进行编号。如四人一组的，可把学优生编为 1 号，中等生编为 2、3 号，学困生编为 4 号。在具体学习中再根据学生的情况适时对这些学生做调整。对于每组中的学困生，教师不仅要关爱、鼓励，还应要求组长与副组长对组员进行一对一的帮扶。

2. 组内交流时，发言要有序进行。上课遇见疑难问题时就让学生在小组内进行交流，每个人都要大胆发言，各自讲述自己的观点，但发言要有序进行。我要求学生做到以下几点：① 一般的问题，由学困生先说，中等生补充，最后由组长归纳总结。② 较难的问题，如果组员无法解决问题，组长先讲，组员认真倾听后再发表自己的看法。③ 小组讨论，人人都要发言，因为小组讨论是一种很重要的学习，既能提高自己对问题的认识和语言表达水平，又能增强自己的合作能力。④ 汇报展示时，有难度的问题让 1 号学生展示、相互补充，如果 2、3、4 号学生能补充学优生回答得不全面的问题，一定要给予及时的表扬；难度适中的问题让 2、3 号学生中的一个回答；简单的问题就让 4 号回答。这样每个学生都会有成就感，学生的参与面就会增加，学习积极性就会得到提高。

（二）小组的管理

1. 运用口令。用口令统一学生的学习行动，能有效调整学习行为。比如，我们班的上课口令是“养成倾听习惯，争当学习能手”。学生喊口令时就是在提醒自己，本节课要做一个认真倾听的学生，同时，还要努力争当学习能手。下课口令是“快乐学习，开心玩耍”。学生喊了这个口令后会觉得自己的学习是快乐的。课中的口令尤为重要，学生小，自制力较差，随时都会走神，因此，为了很好地调控课堂，当教师或学生要发言时，就用“我发言，我倾听”的口令；当教师或学生要在黑板前讲解知识时，要提醒学生认真看或听，口令是“聚焦迅速”；当提醒学生的坐姿时，就用口令“坐姿，端正”等。

2. 运用励志语。根据小组成员的特点，给小组取个响亮的名字并确定一句励志语。组名和励志语在一定程度上代表了学生的愿望、理想，对他们有很好的激励作用。例如，一组组名是自信组，口号是“参与就能快乐，自信就能成功”；二组组名是腾飞组，口号是“携手奋进，追逐梦想”；三组组名是奋进组，口号是“奋发向上，享受成功”；四组组名是飞翔组，口号是“拥有翅膀，自由飞翔”等。

3. 有位教育专家说过：“一个优秀的班主任就是一位教育家。”我认为，一个优秀的小组长就等于一个优秀的小组。小组长是小组有效学习的核心，因此，对小组长的培养极为重要。

（1）教师要做到细心观察、精心衡量，确定小组长的人选。小组长必须具有全面的素质，如学习优秀，责任心强，在学生中具有较高的威信，自制能力强，有乐于助人的好品质，有较强的组织能力，善于倾听小组成员的发言，能听取其他组成员的意见。

（2）要指导组长组内学习的方法。比如，鼓励组员大胆发言，让会说的先说，不会说的先听后说，让不同的人获得不同的发展。

（3）要指导组长在交流过程中进行灵活协调。对于回答正确并富有创意的同学报以掌声，当出现不同意见时，请组员说出理由；组长要善于收集组员在交流过程中对同一问题做出的不同解答，全面地归纳，及时准确地汇报，促进合作交流更加有效。

（4）组长应主动处理好各个成员之间的关系，积极保证小组成员之间的和谐竞争，掀起比、学、赶、帮、超的学习氛围。

4. 在课堂教学中，教师应注重对小组学习习惯的培养，主要做好以下两点。

（1）做到有效组织、合理调控。合作学习前要遵循“思考—交流—讨论—汇报”的原则。如我们四年级乙班对合作探究题的要求是自己先思考，并把自己的想法或做法写出来，然后进行交流、讨论，达成一致，最后指名汇报；而四年级甲班是先思考，再交流、讨论，再把交流结果写出来，最后汇报。方法不同，但最终效果差不多。有的教师一提出问题，马上就开展合作学习，学生没有独立思考的时间，导致有的学生讨论的时候无话可说。因此，教师在提出问题后，要给学生时间，让学生独立思考。这样在小组讨论的时候才有话可说，学生才能顺利地表达自己的想法和观点。展开讨论前，教师要讲明白讨论的问题、要求、注意事项，让学生听清楚要干什么，并且要求学生听清楚要求之后才能开始活动，不然容易形成盲目讨论的局面，影响合作学习的效果。教师也是小组讨论的一员，教师要走进各小组，及时引导、纠正，共同学习。教师这么做便于在参与讨论的过程中掌握整体情况，以便展示出不同的做法，让更多学生不但知其然，还要知其所以然。教师在走访各小组时应及时把各组的做法艺术地进行分类、提炼、总结，把握学生的学习情况。此外，小组讨论要做到兼顾学困生。

（2）要培养学生的合作意识和合作技能。小组成员的团队意识是合作学习活动顺利开展的重点，合作学习不是个人的学习行为，而是一种集体行为。为了达到共同的学习目标，需要每个成员都具有团队意识与合作技能，小组成员之间必须相互了解，经常进行有效的沟通。小组成员不仅要对自己的学习负责，而且要为所在小组中其他同学的学习负责，要互相帮助和支持，形成强烈的集体责任感，并妥善解决可能出现的各种矛盾。同时，学生要有效、愉快地合作，培养良好的交往技能，锤炼合作品格。具体应做到四个“学会”：学会表达自己的见解；学会认真倾听他人的发言；学会在众人观点的基础上总结交流；学会小组成员间互相欣赏。

5. 小组合作学习中还要预防学生出现以下几种不良情况。

（1）太相信“权威”。通过近三年的小组合作学习实践，我发现存在一个不好的现象——太相信“权威”。也就是在小组讨论的时候，多数同学会认为组长说的都是绝对正确的，不敢对组长的意见有所质疑或提出不同意见，有的学生甚至不敢发表自己的看法。久而久之，组内就是组长说了算。怎样才能让每个学生在交流中都敢于表达自己的意见，在小组内集思广益呢？组长应把机会让给基础较差的同学，即使说错了也不能对其批评指责，要让他下次还有想说的勇气，再由其他同学补充纠正，这样学困生也就敢于表达自己的观点了。

（2）不说也不听。也就是学生在交流中从不表达自己的观点、不听取别人的观点和想法。交流是小组合作学习中的重要表现形式，如果学生不愿意交流，会让小组合作难以开展。让学生正确交流是达成合作学习目标的重要因素，要促进学生交流的主动性、创造性和平等性，教师要引导学生能说、会听。能说就是正确地表达自己的观点，这不是一朝一夕能够形成的，需要在平日的学习和生活中不断训练和积累；会听就是学生认真倾听他人的发言和不同的见解，听出别人的重点和存在的问题，达到优势互补，共同提高。

（3）等待答案。合作学习是大家一起动脑筋，一起解决问题，即在合作学习中培养学生的独立思考能力。由于长期受“老师教，学生听”课堂模式的影响，学生只会被动地接受，不习惯也不会主动思考。于是在小组合作学习中形成了一种自己不动脑筋，大家一起解决问题或者直接等待别人答案的现象，更谈不上组织语言表达了。这就需要教师耐心扶助，注意解题思路、思考方法的指导，与学生一起分析思考的方向，激发学生思考的欲望，创设便于学生思考的情境，培养学生思考的习惯，使学生在小组合作中敢想、敢说、敢做。

（4）认为讨论只是说和听。其实，知识来源于实践，很多课程需要学生动起来，亲身实践，因此教师要指导学生养成勤于动手的好习惯。如数学学习中，要知道三角形内角和是多少度，如果学生只是动口说，有些学生通过想象也许能得出答案，但大部分学生凭空想象很难理解。这时如果动手把三角形的三个角剪下来拼一拼的话，结果就一目了然了。不过，动手操作必须与思维运动结合起来，使学生动手必动脑，每操作一步都要与所解决的问题相联系，这样才能达到事半功倍的效果。

（三）小组的评价

在一节课中，学生有值得别人学习的地方，也有被别人揪住"辫子"的时候，因此，对于学生做得好的要赞赏与夸奖，做得不够好的要提醒与鼓励，即进行小组的评价。

小组的评价分为组内评价和组外评价。组内评价即本组内组员互评，如谁做得好，好在哪里；谁做得还不够好，提出改进的意见。组外评价就是在班上由其他组的成员或教师通过对某一组在课上的表现即发言、活动、讨论等情况进行评价，组外评价以加分的形式体现出来，一般是一次加 1 分，进步较大或发言比较有新意的可以加 2 至 3 分，一节课统计出一个冠军组，一周一小结，期末统计汇总，得冠军组次数最多的小组为本学期的优秀组，这个组的组长被评为优秀组长。教师要充分发挥评价促进合作学习的作用，对学生的合作表现进行及时评价。但评价时要注意，评价形式要多样、全面，有针对性。在合作学习时，对于一些有独特见解的学生，要给予积极的鼓励和赞赏；要特别关爱学困生，用欣赏的眼光发现学生身上的一点点进步，及时对他们的进步给予肯定和赞赏，对他们的不足之处要及时指导、引导、批评，督促其改正。对小组和学生的评价必须是积极的、激励性的，要持之以恒才能有效。

我们在小组合作学习中还存在诸多问题，但不管是在教师观念、师生关系方面，还是在课堂组织形式、教学策略、教学管理方面，都为学生搭建了广阔的舞台。小组合作学习改善了课堂气氛，改善了学生的学习方式，全面提高了学生的素质，促进了学生的协作精神。总之，小组合作给学生插上了快乐的翅膀，我坚信，只要在这条路上坚持走下去，我们的学生一定会飞得更高更远。小组合作学习是教师进行课堂教学的一种有效策略，激发了学生在学习过程中的兴趣，有利于提高学习效率，有助于培养学生的合作意识和创新意识，培养学生健全的人格、优良的道德品质和学习习惯。因此，教师应该精心设计合作内容，把握恰当的合作时机，合理调配合作方式，科学制订合作策略，真正让小组合作学习在高效课堂中生根、开花、结果。

怎样在小组建设中培养小组长

威信县水田镇苗坝小学　江承波

对组长的培养是小组顺利实施合作学习的必备条件，那么怎样在小组建设中培养小组长呢?

（一）精选组长，用心培养

小组长关系着小组合作学习的质量，因此，这个环节至关重要。所以，在进行合理分工的同时，最重要的就是选好小组长。小组长必须有非常强烈的集体荣誉感、责任感，能带头，有威信，有组织能力，服务意识强。要对小组长明确其职责及相关要求，要给小组长充分的信任与支持，允许小组长自己召开小组会议，还包括可以在课间点名批评表现不好的同学，及时提醒课堂上不认真听讲的同学等。小组长的任务最重，不但要协调组内的事，还要帮助组内基础最差的组员。最重要的是，教师一定要给组长一定的权力，在班级内树立组长的威信，告诉学生，组长就是“小老师”，组员一定要听从组长的安排。

（二）加强小组长的思想教育，培养责任心

为防止小组辅导处于应付状态，可以采取一系列措施。首先是小组评议和全班学生评议，也就是围绕小组的辅导学习情况，先由各小组长投票打分，再由全班学生统一投票打分，这两部分各占50%，然后张榜公布各小组的排名情况，这样可以极大地增强小组长之间、组与组之间、人与人之间的参与意识和竞争意识。同时，积极引导小组长，让他们懂得，在

教别人的同时，自己也会有不小的收获。

（三）定期召开组长会

教师应该一周召开一次组长会，主要是及时发现课堂存在的问题，了解各组内的情况，对出现的问题大家共同提出改进意见，并要求限期整改。更重要的是要取人之长，补己之短，对于其他小组的一些好的做法，要学会借鉴，这样可以少走弯路。召开小组长会议的时间可以是课间、早上课前、中午课前、放学后等，可以根据情况随时进行，不要太长，一般5至10分钟左右。

（四）放心大胆地把管理权交给小组长

评选优秀组员的活动由各小组长独立完成，每个小组长手中有一张评价表格，要坚持每周评价一次，表现好的学生可以上光荣榜，表现不好的在组内进行整改。

（五）指导小组长有效组织组员学习

督促组长积极主动地组织合作交流，让组员养成合作学习的良好习惯，培养合作意识；组长组织合作交流时，要先进行有序的安排，如鼓励组员大胆发言，让会说的先说，不会说的先听后说，使不同的学生得到不同的发展；指导组长在交流过程中进行协调，如对回答正确的同学报以掌声，当出现意见分歧时组长应请组员说出理由，当出现冷场时组长应带头发言，起到表率作用；指导组长善于收集组员在交流时对于同一问题的不同答案，并及时准确地向教师汇报。教师培养组长的组织、安排、协调和归纳能力，进而促进合作交流的有效进行。

如何使用小组评价表

威信县水田镇龙洞小学　罗祖燕

一个毫不起眼的表格，在课堂教学中却起着举足轻重的作用，这就是小组评价表。如何使用小组评价表对班级管理、教学效果，提高学生学习的积极性至关重要。下面谈谈我在运用这个小组评价表过程中的几点体会。

（一）培养学生的集体主义精神是关键

每学期期末我们都会根据小组评价表对各小组争得的冠军次数进行评比，哪个组获得的冠军次数最多，优秀小组就归哪个小组，这个组的小组长就理所当然成为优秀小组长，每学期的三好生评选都优先从学期总评中优秀小组的学生中产生。另外，班内每个学期的进步奖也与小组评价表有直接的联系。因此，每组成员为了本组的荣誉都会努力表现自己，为自己组争得分数，每组的组员都会把小组当作自己的家，大家就像兄弟姐妹一样亲切，相互鼓励、相互监督。

“没有规矩，不成方圆”，因此，我们制订适合本班的评价机制。比如，我们班约定每天进行一次总评之后要产生当天的冠军。评比依据就是课堂的表现，教师酌情加分，当然教师要做到公平公正；在结对帮扶的过程中，如果发现哪个组的学困生有进步了，就会酌情给这个组加分；乐于助人、拾金不昧的同学可以为小组加分。扣分情况也要让学生清楚。下列情况就是要被扣分：组员没有认真完成作业，回家之后没有认真预习；不认真打扫卫生，打扫卫生的工具没有按要求摆放；乱扔垃圾，衣着不整洁；出现打架闹事的情况等，本组都直接取消评选的资格。冠军这个称号来之不易，不是靠某个同学努力就能得来，需要小组成员的共同努力；哪些事情能做，哪些不能做，都应该从集体主义的角度去衡量。个人的力量很薄弱，许多事情都要靠每个组员的力量才能实现。集体主义精神要求将个人的行为融入集体之中，个人要服从集体，让学生懂得一滴水和汪洋海水的关系，认识到个人在集体中的位置和作用，实现个人与集体的融合。只有集体有了荣誉，才会有个人的荣誉；只要每个人都热爱集体，集体就会变成一个温暖的大家庭。如果学生能自觉意识到作为集体成员的尊严和荣耀，就会更加热爱集体，珍惜集体的荣誉，产生积极向上的情感。这对我们的班级管理有益而无害，能够营造一个以组为荣、以集体为荣的氛围。

（二）倡导人人平等，人人参与

为了避免有的小组长独断专行，在班级管理中我们要让每个学生都参与进来，不能把所有的事情都交给小组长。管理班级不是教师一个人的事，也不是小组长一个人的事，组长与组员没有权利大小之分，要互相监督。比如，每个组的组员都有权利检查本组的组长或其他组组长的学习情况，也可以抽查其他组成员的作业完成情况、预习情况和背书情况等。如果组长没有完成任务，监督的同学可以直接在评价表上减掉该组 1 至 2 分。

（三）多给学困生机会，适时鼓励

课堂评价表不能只为学优生设置。在以往的教学中，我们只关注学优生与中等生，忽视了学困生的转化。实践表明，这样做的结果有百害而无一利，这使得学困生离其他学生的距离越来越远，不利于学生健康成长。新课标要求教育要面向全体学生，使学生德、智、体、美、劳全面发展。在教学中我们发现，学优生总是抢着回答问题，而学困生总感觉自己不如别人，一般情况下他们不敢大胆地去和那些学优生抢机会。因此，在课堂上，简单的问题应留给学困生，尽量给他们展示自己的机会。当他们回答正确时，应给予鼓励的掌声，教师应给予奖赏。让学困生尝到成功的喜悦，给本组争光，从而帮助他们重新认识自己，树立信心。

总之，合理利用小组评价表对班级进行管理，对帮助学困生找回自信、提高学习兴趣有很大帮助。

如何让数学课堂洋溢生命活力

威信县水田镇水田小学 陈祥芳

作为教师，我们要认真钻研教材，深刻思考教学中的每个环节，创设情境，发现问题，将抽象的数学知识融入一定的情境中，激发学生的学习兴趣，并通过情境，把知识的教学、能力的培养、智力的发展等有机地结合起来，为学生步入互动生成的课堂做好铺垫和准备。在小学中年级的数学教学中，应力求做到提问设计有趣味，引导适时、准确，小结具体，应能促成知识与能力的提升。现在我谈谈自己在课堂教学中的一些体会。

（一）选择学生喜欢的展示方式，激发学生的学习兴趣

在教学“直线、射线、线段的特征”时，是上午最后一节课，我发现学生的学习热情并不高。如果让他们根据预习情况，说出直线、射线、线段三者的特征，估计学生会感到枯燥无味，即使说出来其他同学也听不进去，参与的积极性不高，效果恐怕不理想。怎么办呢？只有想办法激发他们的兴趣了。我想到了语文课上有口语交际的内容，于是灵机一动，在数学课上要是也用这种教学方法，能否激发他们的学习兴趣呢？我决定试试看，于是我满脸笑容对学生说：“根据课前的预习，请大家先思考，再进行小组讨论，我们怎样扮演直线、射线、线段呢？”同学们一听要扮演，个个都精神抖擞。经过3分钟左右的思考和小组交流，所有学生都跃跃欲试，其中一个小组的学生站起来大声地说：“我来给大家表演，就按我们讨论的展示给大家。”他很认真地将双手与肩同高伸直，掌心向下，且大声说：“我是直线，我的两手可以无限延伸，不能量出长度，没有端点，

大家记住我了吗？你们可以闭上眼睛想象我这条直线好长好长。”每位学生都听得特别入神，个个都争着抢着要扮演线段和射线。于是，我叫这个组的同学把机会让给其他同学，这时，平时不爱回答问题的肖同学抢到了机会，他马上大声地说道：“我想让大家猜猜我是线段还是射线。请听好了，我和直线有共同点，不能量出长度，也是直直的，我可以向一个方向无限延伸（并做了一个一只手伸平的动作）。但我和他有不同的地方：有一个端点（用手拍自己的肩部），没端点的那一头才可以无限延伸（用手指自己伸出的手）。听了我的介绍，你们该知道我是谁了吧？”同学们大声喊起来：“我知道，我知道，你是射线！你是射线！”教室里一片沸腾。看着同学们兴奋的小脸，我立马说道：“谁来扮演线段呢？”张同学逮住了这个机会，边说边比画着动作，双手紧握拳头，伸直与肩齐平。“我是谁大家不用猜都知道了，我和直线、射线是一个家族的，所以也是直直的，但我是浓缩的精华哟！能量出两个拳头之间的长度呢，还有两个端点（两个拳头），俺就是线段。”她还有意将拳头打开，手指伸直，“我现在是什么呢？（再握紧拳头）我变成了什么呢？”学生一一作答。

一节课下来，学生个个精神饱满，对直线、射线、线段三者的特征以及相互之间的区别和联系都掌握了，因为以前数学课从没这样上过，学生的兴趣一下就产生了，真正达到了玩中学、学中玩的目的。

（二）归纳是数学教学的有效方法

预习“两位数乘一位数的口算”时，大部分学生似懂非懂，还出现混淆的现象。比如，在教学 49×8 时，我让他们在本子上算一算，有的学生用 40 去乘 8，再加 9，还有的用 40 乘 9 再乘 8，于是，我引导他们用三个字归纳了两位数乘一位数的口算方法：分、乘、加。分：先把两位数分成整十数和一位数（把 49 分成 40 和 9）；乘：再用分好的整十数和一位数分别相乘（40×8＝320，9×8＝72）；加：把两次乘得的结果相加（320＋72＝392），从而得出 49×8＝392。然后我任意出一道两位数乘一位数的口算题，学生都得心应手。我再次提高难度，出了一道三位数乘一位数的口算，学生学会了运用知识迁移的方法去完成，完全难不倒他们。

教师教给学生好的学习方法，他们学起来就轻松，心情也愉快。因此，教师在课余必须加强学习，多动脑，多思考，找出让学生最容易接受、自己又不觉得累的方法进行教学。

（三）解惑要适时，让学生少走弯路

在教学生画一个长 3 厘米、宽 2 厘米的长方形时，我先让学生试着自己画，再在小组里交流自己的画法，然后再抽一个学生上黑板板演并讲述自己的画法。她说："我先横着画一条 3 厘米长的线段，再对着 3 厘米线段的左端竖起画一条 2 厘米长的线段，并用画平行线的方法画另外一组。"但她画出来的 4 个角不是 90 度。这时我就问她："你画竖起的 2 厘米长的线段时，画的是否是 3 厘米长线段的垂线?"她恍然大悟，马上又重新画一个，结果一量，长是 3 厘米，宽是 2 厘米，4 个角都是直角。我又说："同学们，你们想想还有别的画法吗?刚才这位同学用的是画垂线的方法来画的，看看是否可以用画平行线的方法来画呢?在小组里说一说，画一画吧!"学生立刻行动起来。经过反复的讨论与实践，学生也能运用画平行线的方法来画长方形了。

在我的引导下，学生少走了弯路，掌握了知识，他们很开心，我也很高兴。

（四）课堂小结要落到实处，不能走形式

从听课和上课中我发现，大部分学生在课堂小结时，就是把课题和学习目标说一遍。我想，出现这种现象的原因是我们平时没有很好地引导学生怎么去总结，特别是数学课，我认为要让学生总结出本节课学到的解题方法和值得注意的地方。比如，引导学生学习完"画平行四边形和梯形的高"后，我让学生小结。有的说："这节课我学会了怎样画平行四边形和梯形的高，还知道它们都有无数条高。"有的说："除了这些，我还知道等腰梯形是轴对称图形，沿着对称轴对折，它就会变成一个直角梯形；沿着对称轴剪开，它是两个完全一样的直角梯形，还可以把它们拼成一个长方形。"有的说："在你们的基础上，我还知道了平行四边形的所有高都相

等，梯形也一样。"一个学生疑惑地问："老师没讲，你怎么知道的?"有的说："因为我们学过，两条平行线间的距离处处相等，梯形的上底和下底是平行的，平行四边形的对边是平行的，所以它们的高都相等。"在课堂小结中，我们要引导学生将所学知识串起来，把知识点梳理成一条线，形成网络。此外，还要对学生的学习过程、学习方法和小组讨论发言等进行小结，通过小结使所有学生都能得到一次升华。

教有法而无定法，我们要不断改进课堂教学，让学生在充满情趣、充满艺术魅力、洋溢着灵动与生命活力的课堂中享受学习。

教师如何影响课堂导学效果

威信县水田镇中心学校　查兴贵

课堂导学的效果，除与学生自身素质、家庭教育、社会大环境息息相关外，教师起着至关重要的作用。有这样一句话："有什么样的教师就会有什么样的学生。"这说明，教师对课堂导学的作用、对学生的影响非常重要。那么教师影响课堂导学效果，甚至影响学生成长的因素有哪些呢？

（一）教师的教育观念

教师要想认识教育把握教育，就要正确把握国家的教育方针，有效地将其贯彻落实到日常教学中；要有敏锐的眼光，有善于学习的态度，教学观念要随着时代的变化而更新，用正确、积极的教育观、发展观和价值观影响学生，教育学生；要善于创造教育时机，鼓励和引导学生获得发展，让学生在健康、积极的环境里成长，陶冶情操，熏陶人格。

（二）教师的工作态度

教师的工作态度直接影响教学质量和教学效率。教师要爱岗敬业，热爱学生，关爱学生；积极上进，端正工作态度，保质保量完成学校安排的工作；认真钻研教材，学习新课标，了解学情。课前要充分准备，课堂导学要体现课前预设，尊重课堂生成，关注个体差异；课后有针对性地辅导，按时批改作业等，做到不敷衍、不松懈。反之，做一天和尚撞一天钟，不求上进，不但会影响个人进步，还会影响学生的成长，影响学校的发展。

（三）教师的知识储备

“读万卷书，行万里路”，这充分说明终身学习的重要性。教育是一项创新的事业，教育要创新，要传承历史和文明，这就要求教师有丰富的知识储备，有了丰富的知识储备才能胜任教育教学工作。同时，还要求教师不断学习，自我研修，参加培训，开阔视野，丰富内涵，博采众长。课堂导学要做到厚积薄发。

（四）教师的性格特点

教师是一个特殊的职业，具有良好的性格特点是胜任教育教学工作极其重要的条件之一。常言道：“亲其师，信其道。”只有学生从心底里喜欢教师、相信教师，才会自觉自主地学习。教师良好的心理品质，如积极、乐观，富有激情，幽默、含蓄，富有情趣，公正、公开，富有爱心等，都会影响学生的健康成长和人格的形成。

（五）教师的兴趣爱好

兴趣爱好是人的个性在行为上的投射，是在生活实践中逐步形成的适应心理和行为的活动。一个人的兴趣爱好反映了其热爱生活的程度，教师应具有良好的、广泛的兴趣爱好，保持乐观、积极、向上的生活态度，进行自我调节，确保心理健康。同时，有了广泛的、良好的兴趣爱好，更容易和学生打成一片，沟通情感，和谐相处，增进友谊，创造生活。

（六）教师的导学技巧

教学是一门艺术，课堂导学有法而无定法，导学过程中教师应力求优化课堂设计、优化课堂导学方法，运用先进的辅助性教学手段，让课堂导学内容深入浅出、浅显易懂。然而，要使课堂导学效率高，仅有这些还不够，还需要教师有较高的导学技巧，这就要求教师有深厚的知识储备和丰富的教学经验。抑扬顿挫的声音、身体动作的姿势、处理课堂应急生成的能力、评价方式的多样性、语言的亲和力、教师的幽默感等，都关乎学生的学习兴趣和对知识点的理解、掌握、运用。

无论哪一种优秀的教学模式和先进的教学手段，都替代不了教师课堂导学的作用。只有潜心钻研教法、学法，渴求上进，乐学好学会学的教师才能更好地运用优秀的教学模式和先进的教学手段提升课堂导学质量，提高课堂导学效率，促进学生健康成长。

第五篇

课题研究出成果，教学相长有实效

学生学得精彩成就教师教得精彩

威信县水田镇香树小学　谢光楷

我镇的“两步八环节”教学模式强调构建“以学生的学为中心的课堂”，要从“精彩的教”向“高效的学”转变，其目标是培养学生敢想、敢说、敢做，会想、会说、会做。这样一个完全有别于传统课堂的全新课堂，需要教师真正转变观念——放手让学生自主学习，引导学生合作学习，鼓励学生勇于展示，倡导学生在交流中纠正失误及错误。现谈谈我在我校推行“两步八环节”教学模式过程中的点滴体会。

（一）学生的“动”源于教师教育观念的转变

学生在课堂上有效的自主学习、展示、交流活动，从根本上源于教师教学观念的转变，只有教师敢于放手让学生去学习、去展示，学生才能真正成为课堂学习的主人。我们在听课中发现，有的教师总是认为学生不会学、不会说、不会做，所以不敢放手让学生去自主学习，去交流展示，课堂规规矩矩，一片沉寂，教和学完全由教师包办代替。一节课下来，教师很累，学生却没有学到有效的学习方法。而有的教师在课堂上着重引导学生怎样学，放手让学生展示、交流，使他们在争论中习得了知识，掌握了学习方法，教师教得轻松，学生学得愉快。我校有几位教师原来就是不敢放手让学生自主学习，时常埋怨学生什么都不懂，通过观摩了其他教师的常态课后，尝试让学生自主学习、交流、展示，结果学生逐渐动起来了，课堂上学生敢说了，就连学困生也开始积极发言了。因此，教师的教育观念决定了学生的学习方式是被动的还是主动的，教师的教育观念转变了，学生在课堂上也就动起来了。

（二）学生的自信源于教师的鼓励

是否敢在课堂上大胆展示，取决于学生的自信，而学生的自信源于教师适时、有效的评价与鼓励。特别是学困生，本身基础差，学习效率低，如果教师不闻不问，甚至挖苦讽刺，他们就将永远变成“差生”。因此，教师一个关注的眼神、会心的微笑，特别是在学生有展示欲望时进行鼓励及展示后教师准确而有效地评价、期望，都是学生积极学习、参与合作、主动展示交流的原动力。为改变我校教师课堂上较少使用甚至不使用评价语言的问题，我校专门开展了专题研究、推门听课的活动，督促教师在课堂上对学生进行有效的评价与鼓励。教师使用评价与鼓励后，学生在课堂上敢说了，班级里的学困生在课堂上也逐渐开始大胆地发言，有的甚至答出了教师意想不到的结果。学生自信了，学习有了进步，课堂也就活了起来。

（三）学生的自主学习源于教师的有效指导

有效的教学活动是学生学与教师教的统一，学生是学习的主体，教师是学习的组织者、引导者与合作者。有效的学习离不开教师的点拨与引领，学生自主学习的关键还是学生在自学之后教师怎样教，缺乏教师指导的自学必然是浅薄、低效的。如在复习小数的知识时，如何让学生联系整数的知识完成对小数知识的复习，加深对整数、小数的联系与区别，做到熟能生巧、综合运用，这不是靠教师的讲或学生的自由复习能实现的。有位教师在学生浏览课本内容、交谈知识点后，让学生举例说明整数和小数的异同，学生一时无从下手，如果还是放手让学生去自学或小组合作解决，显然效率不高。这位教师在学生困惑时及时带领学生选择其中一个知识点，并举例找出其异同，学生一下子觉得“踏破铁鞋无觅处，得来全不费工夫”。接下来的复习变得得心应手，不知不觉中学生就学到了学习的方法，锻炼了自主学习的能力。

教材就是学材，教学中教师要想方设法还原求知历程，在课堂中给学生足够的时间和空间经历观察、猜测、实验、计算、推理、验证等活动过程，养成会思维的能力。有一位教师教学“认识厘米”时，通过学生操作、感悟，验证了尺的本质就是单位长度的集合，从而巧妙地把感受1厘米有多长和用尺量的方法教给了学生，学生在经历知识的学习过程中也增长了智慧。

（四）学生的合作源于问题设置的合理性、探究性

合作就是发挥群体的积极功能，提高个体的学习动力和能力，达到完成特定的教学任务的目的。小组合作学习这一教学方式的应用给课堂教学注入了活力，改变了教师垄断课堂的信息源而学生处于被动地位的局面，它不仅可以使师生之间、学生之间更有效地进行语言交际，而且可以培养学生的合作意识、团队精神，进而促使学生相互学习、共同提高，激发学生的主动性、创造性，有力地促进课堂效率的提高。然而，在有的课堂上，教师让学生读某个自然段，读后小组讨论交流，但具体讨论什么，教师没有明确指出；或请学生先读一遍课文，然后在小组里讨论“这篇课文告诉了我们什么”，这样的问题就没有什么研究价值，这样的合作显然只是作秀。再如教学“三角形的面积”时，教师问学生是怎样推导出三角形的面积计算公式的，这样的问题设置显然不合理，学生讨论找不到切入点。又如“分数与除法的关系”的教学，要求讨论分数与除法有什么关系？看似切中要害，实际上学生不容易找到方向。如果改为“联系分数的意义，用分数表示除法的商，看看你能发现分数与除法有什么关系”，学生在合作中很快就会找到方法，生成结论也就顺理成章了。

总之，那种教师教得精彩就是好课的时代已经过去了，正所谓“授人以鱼不如授人以渔”，我们的课堂要从“精彩的教”向“有效的学”转变，把能力培养作为核心目标，教学生学会思维，为学生的终身学习打下坚实的基础。

“两步八环节”教学模式中学生的变化

威信县水田镇龙洞小学　周愉梅

我校实施“两步八环节”教学模式已有三年多的时间。在这种以学生为主、教师为辅的教学模式下，学生通过课前预习，课中小组合作、展示汇报、互相纠错补充，课后组内复习巩固的学习方式，不仅学习成绩有了一定的提高，而且自身也发生了不少的变化。

（一）学生成了课堂的主人

“把课堂还给学生，让学生成为学习的主人”的口号喊了很多年，但之前我们一直犹豫着没敢把课堂还给学生。近年来，在高效课堂的带动下，我们终于勇于在课堂上放手了。不放不知道，一放吓一跳，学生的学习能力超乎我们的想象。课堂成了他们的天堂，他们在课堂上一改以前的胆小、声小、话少的状态。现在，学生能够无拘无束地在课堂上畅所欲言了，只要自己有不同的想法都能够大胆地与其他同学分享。

（二）学生自学能力有所提高

学生的主要任务是学习，要想取得好的学习效果就得养成好的学习习惯。通过这几年的培养，班里学生的学习习惯已初步形成，能够自动地去学习。学生有了主动的求知欲就等于成功了一半。通过长时间的观察后我发现，学生每天到校后上早自习前，总会在小组内交流自己昨天在预习时新发现或存在的疑问，小组如果得到有新意的想法，还会在班上展示出来与全班同学分享，让全班同学都有收获；下午放学后，小组长组织学生对当天的作业进行改正、讲解，或是在小组内听写当天所学的生字词，或是背诵重点内容，或是互相讲解不懂的问题等。这是多么可喜的现象。在他们的身上，已经体现出了“要我学”向“我要学”的转变。

（三）表达能力明显提高

以前，学生回答问题时，说话声音小、吞吞吐吐、结结巴巴、忸忸怩怩。不可否认，在2011年以前，我们农村的孩子确实是这样的。课堂上好不容易盼到一只举起的小手，学生却半天也说不清自己想说的内容，最后还需教师提示或引导才能完成。但现在，学生只要开口了，除非是他已经说完了，不然你找不到插嘴的机会，时不时还能听到几个同学因为想法不同而在课堂上高声“辩论”。随着口语表达能力的提高，学生的书面表达能力也有了一定的提高。现在看他们的习作，“语句不通顺”“表达不清”“用词不当”之类的问题已经很少出现了，教师能轻轻松松读懂他们想表达的是什么。

（四）学困生主动参与小组学习

实施分小组学习以来，学生的学习兴趣倍增。有一个学生对我说：“每当上课时，我们一看到为小组加分，都无比激动，都想着为自己组争光，都想夺得冠军，都想展示自己的风采，都想和同学们一起分享‘食物’。”他们把自己学到的知识比作“食物”，可见他们是多么想学习。在这样的学习环境中，在这样的学习气氛下，还有谁不想学习呢？就连昔日的学困生，为了能给小组争光，哪怕是给小组多加一分，他们也会花尽心思去思考，因为他们也不愿意拖小组的“后腿”。

（五）学生发挥个性特长

人们都向往和羡慕自由自在的生活，我们千万不要束缚孩子，而应让他们“想自己所想，做自己想做”，让个性自由飞翔。学习是一种个性化的行为，课堂教学不是一成不变的，也不是封闭的教学过程，而是动态、开放的活动过程。确实，学习是学生自己的事，任何人都无法代替。在课堂教学中，我们教师已没必要去打造自认为充实的课堂教学，因为教师只是学生学习中的一个组织者、合作者、指导者。教师的职责就是创设自然的教学环境，营造有利于张扬学生个性的氛围，让学生的个性在宽松、自然、愉悦的文化氛围中得到释放，在自由自在而又奋发进取的氛围中展示生命的活力。在课后，学生根据自身的认识，结合课堂上的学习，从不同的角度寻找方法，学生丰富的想象像水中的鱼儿、天上的小鸟般无拘无束。学生的内心世界得到了解放，达到了“海阔凭鱼跃，天高任鸟飞”的自由境界。开放性问题的设置犹如一支强劲的催化剂，有力地催促着学生个性的种子破土而出，茁壮成长。

制度保障，科学践行，扎实有效推进高效课堂

威信县水田镇中心学校　查兴贵

教学改革，我们一直在积极践行，只为更高效地达成目标。

以人为本，构建高效课堂，让学生快乐学习，健康成长，是在课改浪潮冲击下的治校新理念。课堂教学改革是形势所需，是办人民满意的教育的必由之路。高效课堂不仅要激发学生的学习兴趣，还要激发生与生、生与师之间的互动激情与独特创意，着眼于学生的长远发展。

我校开展“两步八环节”课堂教学模式已经三年多了。教师能娴熟地运用这种模式开展课堂导学并组织各环节小专题研讨，小组学习共同体机制比较健全，学生合作学习热情高涨。在高效课堂启动初期，在教师转变观念的前提下，针对我校“两步八环节”课堂教学模式的建构，从教学骨干、教学能手到学校领导，从学校领导到一般教师，从示范学校到一般学校，逐步推开。目前，我校“两步八环节”课堂教学模式已凸显成效，形成了班级教学特点，形成了学校办学特色。下面是我校探索高效课堂教学的一些具体做法。

（一）领导重视，强化管理，更新观念

自学校开展“两步八环节”课堂教学改革以来，中心学校领导班子高度重视，并制订了实施方案。从宣传动员到组织实施，从理论学习到模式构建，从召开会议到学校贯彻落实，从教师观念到课堂教学实践等，中心学校全程参与，跟踪调查。发现做得好的，大家及时总结，推广借鉴，资源共享；遇到疑惑时，大家集思广益，解决提高。目的只有一个，促使教

师从传统教学思想的束缚中解放出来，变教为导，变学为思，变批为评。

为了有效地推进学校“两步八环节”高效课堂改革，中心学校审视并修改了《水田镇中心学校量化考核细则》，下发了《水田镇中心学校高效课堂实施方案》《水田镇中心学校高效课堂导学案编写暂行办法》《水田镇中心学校教师推门听课制度》《水田镇中心学校每周组织教学教研论坛管理办法》等，让学校的制度管理与课堂教学改革同步。学校领导创设良好的教学改革环境，不仅要在思想上引领，在行动上决策，在制度上监督，更要在过程中进行服务；积极投身课堂教学改革，起到带头人的作用，当好教学改革的宣传员、引路人、实践者、勤务员，为深化课堂教学改革尽职尽责；使教师观念获得完全转变，全身心地投入到课堂教学改革中，更好地汲取传统教学精华，秉承多种教学模式的优点，组织落实好学校高效课堂建构研究和小组合作学习共同体的建设。

（二）师生参与，互动双赢，探究提升

为扎实有效地推进学校高效课堂教学，中心学校召开了十多次会议，研讨教学中存在的问题，共享教学中收获的成果。中心学校充分发挥各学校的优势，校与校联手组织“两步八环节”课堂教学各环节专题研讨，成立“两步八环节”高效课堂教学子课题研究组，将分散研究与综合运用相结合。学校举行送教活动，包括学科带头人和骨干教师“两步八环节”高效课堂示范课、“两步八环节”高效课堂教学竞赛研讨课、普通教师在学校的达标课等，通过组织教师观课、议课，促使教师在教研活动中互动双赢，得到提升。

在课堂教学中，我们认真贯彻落实“先学后教，以学定教，以学评教，多学少教”的高效课堂教学理念，我们充分相信学生、解放学生、发动学生、发展学生；让学生敢发言、会发言，让学生在参与中发现、在合作中创新、在交流中吸收、在对抗中质疑、在倾听中完善；做到生生参与、互励共勉、变学为思、共同提高，挖掘学生的潜能，培养学生的学习能力，展现学生的学习风采，帮助学生实现“我的课堂我做主”。

（三）氛围渲染，齐心聚力，营造和谐

营造愉悦氛围、优化育人环境是我们的理想追求。我们的课堂导学始终推崇民主、平等、宽松、和谐、愉悦的教学氛围，课堂学习主张学生自主、合作、探究、发展，争取实现课堂导学灵动、阳光，校园氛围和谐、愉悦。

中心学校和各学校、各班级积极致力于学习氛围的营造，以及班规班训建设。学校走廊上悬挂着名人名言、名人挂像，还有教师教学观念宣传语、励志名言、生活态度、人生追求等。利用校园板报展示“两步八环节”高效课堂教学流程和知识材料，学校每周举办教学教研论坛，并进行每周教学教研工作要点安排。班级积极创建图书角、学习园地，班规班训、口令口号、学生励志语，别出心裁、富有创意的小组名称、小组公约等。我校对“两步八环节”高效课堂教学的宣传不留死角，师生参与不留空白，渲染文化氛围，师生齐心聚力，争创校园和谐和课堂高效，推动学校的内涵发展和可持续发展。

（四）内容具体，目标明确，科学践行

高效课堂构建不是一句空话、套话，也不是一句口号，它是一个系统工程，我们要结合学校实际，做到有的放矢。

为防止教师急功近利，中心学校专门召开了“两步八环节”高效课堂专题研讨会议。会议主要研究了以下问题。

（1）学生学习习惯和行为习惯的培养。一年级主要培养学生的倾听习惯、复述能力、读的能力、行为规范、结对子帮扶等方面；二年级在一年级的基础上，侧重培养学生之间的对子学习、学会表达、有效参与、学会谦让等方面。

（2）班级学习小组合作共同体的建立与建设。三年级以上按组际同质，组内异质的原则组建，4 至 6 人一小组为宜，有组训、口号、小组公约，评价方案、班级评价、组内评价与教师评价相结合，增强学生的团队意识、竞争意识、参与意识等。

(3) 成立导学案编写组。

(4) 组织自主学习、合作探究、预习引领专题研讨等。这样，每学段、每年级都有自己的训练侧重点，做到不笼统、不盲目，不搞“一刀切”，科学践行。我们强调必须结合学生的年龄特点并遵循循序渐进原则，要持之以恒、常抓不懈，这样学生才会从他律变成自律，最终厚积而薄发。

定期召开阶段性反馈会，共享教学收获的喜悦。我们能及时了解和解决教学中存在的困惑和疑难，提炼总结，形成经验、方法，丰富教师内涵，更好地服务课堂，服务学生。

总之，我校“两步八环节”高效课堂教学就是将“以生为本，相信学生，解放学生，发动学生，发展学生，成就教师”作为宗旨，挖掘学生潜能，充分调动学生的自主能动性，着眼于学生的未来发展，让他们快乐学习、健康成长。

农村小学“两步八环节”高效课堂教学模式研究报告

威信县水田镇中心学校　查兴贵

高效课堂改革的号角响彻祖国大江南北，我们正经受着一场现代教育变革的洗礼。我校站在教学改革前沿，乘着高效课堂教学改革的春风，直面困难，抓住机遇，迎接挑战，切实提高课堂教学效率，推进学校高效课堂教学改革向深层次发展。我校以威信县构建高效课堂建设和昭通市学校内涵发展为契机，以“15＋25”课堂教学理念为支撑，提出农村小学“两步八环节”高效课堂教学模式，有效探索“先学后教，当堂训练”，真正做到“以学导教，以学评教，多学少教”。

我校“两步八环节”高效课堂教学模式的构建有自己的背景。由于我校地处山区，文化底蕴不深厚，社会育人氛围不浓，家长文化素质不高，存在大量留守儿童，学生的自主性和自控能力差，不能自主预习等，导致我们的教育教学水平严重滞后。基于这样的背景，我们提出了农村小学“两步八环节”高效课堂教学模式的研究。该模式是融目标教学、尝试教学、赏识教学于一体的课堂教学体系，把一节课分成两步八个环节，即探究学习阶段（包括五个环节，一是目标再现，二是学情展示，三是合作探究，四是课堂检测，五是课堂小结）和预习引领阶段（包括三个环节，一是预习目标，二是指导尝试，三是课后延伸），把课堂从课内延伸到课外，形成学习链，变以往的研究教法为研究学法。

该教学模式的意义在于相信学生，释放学生的潜能，培养学生的自主学习能力和合作探究能力，并使其养成良好的学习习惯。同时，该教学模式能较好地贯彻落实党和国家的教育方针，切实有效地进行高效课堂教学改革，培养学生兴趣爱好，倡导学生个性化发展，营造学生独立思考、自由探索的良好氛围，真正体现了师生之间、生生之间的和谐与平等，有效解决了农村孩子自主预习的老大难问题。

近几年，我校在课堂教学改革方面由点到面，点面结合，有计划、有步骤地开展课题研究，提出理论构想，指导课堂实践，进行小专题研讨，提炼总结、形成方法，在课堂再实践、再总结到物化成果，不断创新，分享收获，推广应用。教师们把模式构建和小组合作学习完美结合，融会贯通，争取各环节都有自己的理论成果，各环节都有不同视角的解读，但目的只有一个：以生为本，着眼于学生未来的发展。“两步八环节”教学模式使我校逐步形成了“班级教学有特点，学校办学有特色”的风格。

与农村小学“两步八环节”高效课堂教学模式同步构建的德育文化建设成效显著。学校感恩教育活动效果明显，红色文化教育凸显了地方特色，制度、规范体现了学校的人性化管理，大课间活动促进了学生个性、特长发展；班级激励评价彰显特色，梦想教育引导学生树立正确的人生观、价值观，励志格言激励着学生幼小的心灵；小组文化展示了学生的奇思妙想，“文化墙”成果展示美观大方。

学校导学案的编写体现了主体性、探究性和层次性，教师结合班级实际二次解读导学案，并修改使之趋于完善。学生习惯养成良好，变得积极、自信、大方。教师轻松导学、快乐导学。自主探究、小组合作学习、生生交流汇报与教师引导点拨等活动启迪学生的智慧。课堂成了学生展示才华、个性发展的大舞台。学生在参与中发现知识、在合作中创新知识、在交流中吸收知识、在对抗中质疑知识、在倾听中完善知识。师生在和谐的课堂氛围中快乐学习、健康成长，共同进步。

本课题研究的目的和宗旨十分明确。课题研究无论从形式到内容，还是从理论到思想，都为农村小学高效课堂教学模式构建打开了一扇窗，树立了一面旗，引领着农村小学课堂教学改革的方向，现在，我校高效课堂教学改革得到了领导的关心，教师的主动参与，家长的支持，学生的喜欢。学生问卷调查显示，96.7%的学生喜欢我们现在的课堂。学校在辖区内赢得了办学口碑，许多学校领导、教师慕名前来观摩课堂教学和参加办学经验交流会，他们都感触颇深。省市县领导高度重视，2013年5月，省市领导亲自到我校指导教学改革工作。2013年12月，全县中学组教学现场会、小学组教学现场会在水田镇中心学校召开。2014年3月，著名教育专家冯恩洪到我校指导课题研究工作，我校教师现场做课赢得了冯恩洪教授等知名专家的高度赞誉。同年6月，教育专家周满生、冯恩洪、田汝华、杜金山、万玉霞，中国关心下一代教育研究考察团和昭通市教育局领导一行到我校指导教学改革工作，并对我们取得的成绩给予了充分肯定。

实践告诉我们，高效课堂教学改革没有捷径可走，必须脚踏实地、一步一个脚印地在做中学，在做中总结并提升。我们得到了中国教师发展基金会总课题组的帮助，我校全体教师积极努力地创造着适合学生的教育，为孩子的成长发展培育适合的土壤。希望教师同行能从我校的教学改革中受益，并增长智慧。如果我们的研究能给教师一点启发，使教师能够结合当地学校情况，为当地农村高效课堂教学改革探索出新路子、新方法，提高课堂教学效益，让当地的农村孩子也能享受到教学改革带来的好处，我们也就无比欣慰了。

农村小学“两步八环节”高效课堂教学模式结构示意图

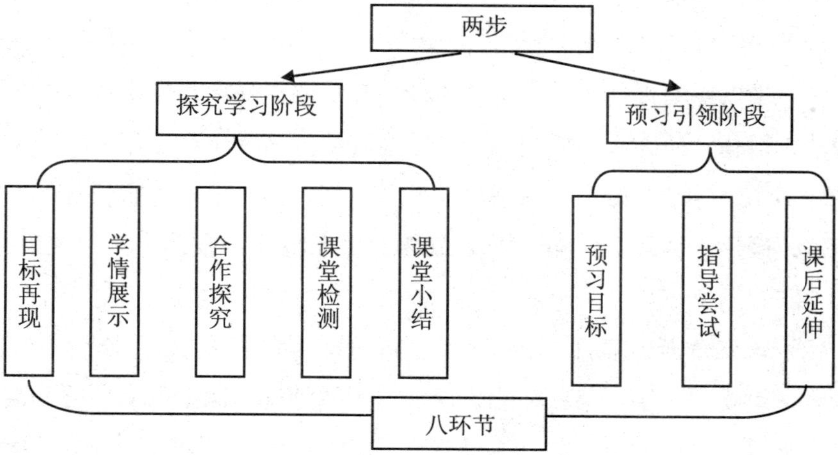

（一）研究问题：核心概念、研究目的及意义、研究内容与假设

1. 核心概念

农村小学"两步八环节"高效课堂教学模式，就是把课堂教学分为两步，即探究学习阶段和预习引领阶段，然后在不同的阶段完成相应的学习内容。

探究学习阶段就是新知导学的过程，包括目标再现、学情展示、合作探究、课堂检测、课堂小结五环节。预习引领阶段就是对下一节课的新知尝试，包括预习目标、指导尝试、课后延伸三环节。通过模式引领，教师导学，学生独学、对学、群学，培养学生自主、合作、探究的学习能力；通过展示、交流、释疑，让学生学会思考、学会倾听、学会表达；通过纠错、评价，培养学生互相尊重、相互欣赏的品质。以"面向全体学生，解放学生，发动学生，发展学生"为理念，挖掘学生潜能，张扬学生个性。

针对农村孩子家庭教育跟不上，农村小学生留守儿童多、自主学习能力差，农村小学课堂教学效率不高等问题，我们努力探索适合农村孩子的教学模式，让农村孩子也能享受到先进的教育思想、教育理念。我们从以下几个方面开展研究，取得了良好效果。

（1）研究课堂"学案导学"。导学案是教师对文本的二度审视和二次解读，导学案编写体现了学生的主体性、教学的探究性和层次性，并把文本编写生活化。研究人员根据课堂导学经验编撰了导学案使用要领，使教师在使用学案导学时避免了课堂教学的随意性、学生学习的盲目性。对导学案修改采用了"教无止境、备无最佳、编无定式、改无定期"的思路，使其不断完善。

（2）研究教师如何引导农村小学生进行课前自主预习。"两步八环节"课堂教学模式中"预习引领"阶段探究，为教师进行课堂引领预习开启了思路，指明了方向。这一研究成果解决了农村小学生因留守儿童多不能自主预习，导致的课堂教学效率不高的难题。

（3）研究农村小学生自主学习能力的培养，使学生学会合作、学会交流、学会探究、学会倾听、学会表达，养成良好的学习习惯。对学生自主

学习能力的培养，也使学生有了团结协作的意识，学生互相帮助，相互欣赏、尊重、谦让，增进了班级凝聚力。

（4）研究教师如何进行学生的探究学习引领。以“15＋25”教学模式为支撑，旨在让教师做到“以学导教、以学评教、多学少教”，精讲精练，有效落实“先学后教，当堂检测”的教学理念，转变了教师的教学观念，变研究教法为研究学法。

（5）研究教师如何引导学生进行合作交流。学生在课堂上独立思考，进行对学交流和群学讨论，补充完善知识，培养了自信心，学会了自我赏识和赢得别人的赏识，领悟到生存的价值并逐步学会了思考、学会了倾听、学会了表达。

（6）研究“两步八环节”高效课堂教学必须做好的三个关键点。本研究从教师观念、导学案、小组合作学习三方面阐述了课堂教学改革的关键点，为教师突破“两步八环节”高效课堂教学实践中存在的盲点提供了指导。

（7）对农村小学“两步八环节”高效课堂教学模式操作流程的研究。这一研究细化了操作流程，明确了每一个环节教师要做什么，并说明了为什么要这样做，以及从哪些方面做。从建模、入模、出模，规范了教师对这一教学模式的具体操作。

（8）研究“两步八环节”课堂教学设计。优化课堂教学设计，精讲精练，教师做到课堂教学时间不超过 15 分钟。利用“两步八环节”课堂教学模式，实现农村小学“先学后教，当堂训练”。

（9）完善农村小学‘两步八环节’高效课堂教学模式研究的课堂教学影像资料，即每学期进行课堂考核，录制教师课堂教学实录，使教师根据自己的课堂教学实录开展自我反思，研究自己的教学风格。课题研究人员通过教研论坛观看教师的课堂教学实录，研究课堂教学，提高课堂教学效益。

（10）研究如何丰富校园德育文化建设，促进合作学习小组建章立制。在班级中，教师完善小组建设，抓实小组文化，落实小组组名、组签、公约、口号、组训，使用小组文化墙进行成果展示等；班级举办文化长廊展示教师艺术作品、师生手工制作，开辟梦想专栏，培养了学生正确的人生观、价值观；学校的大课间活动、兴趣特长辅导班等，张扬学生个性，凸显了学生特长。

2. 研究目的及意义

农村小学“两步八环节”高效课堂教学模式，是融目标教学、尝试教学、赏识教学于一体的课堂教学模式。该模式的意义在于培养学生的自主学习能力和合作探究能力，使其养成良好的学习习惯。同时，这一模式也是贯彻落实党和国家的教育方针，切实有效进行高效课堂教学改革，培养学生兴趣爱好，营造学生独立思考、自由探索的良好氛围的策略。这一模式真正体现了师生之间、生生之间的和谐，使教师变以往的研究教法为研究学法，有效解决了农村学生自主预习的老大难问题。在这种教学模式下，学生获得了自主、自由的发展，教师通过课题研究获得了进步与发展。

3. 研究内容

研究内容包括“两步八环节”高效课堂教学模式各环节的具体要求。

（1）目标再现。上课后，教师可采取自己解读目标或学生解读目标的方式，让学生进一步明确学习目标，唤醒学生的问题意识，形成问题情境，提高学习效应。

（2）学情展示。学生小组内检查交流预习情况，并进行组内讨论、补充、纠错。教师主要观察学生完成预习的情况和交流的情况。随后，教师通过学生的展示、汇报全面了解学生的问题，分析和提炼学生的问题，及时形成有效的导学方案和个性化指导计划，进行点拨和指导。做到凡是学生能思考的绝不暗示，要给学生搭建好生成问题的“脚手架”，使学生能展示自己的学习所得。在这个环节中，教师要设计难度较小的问题，让学生把学到的方法、结论运用到实践之中，让每一位学生都感受到学习的成功、快乐。这是面向全体学生的展示，学生在展示交流中发现新问题，并在不断质疑和修正的基础上，初步形成解决问题的方法。

（3）合作探究。教师要设置有一定梯度的问题，引导学生进行深层次的学习，实现问题学习的升华。教师要做到凡学生能探索的绝不代替，主要让学生通过自主探究和组内合作探究学习、交流、质疑、补充、纠错、评价，在教师的点拨指导下理解问题、梳理新知、深入思考，使得到的初步结论进一步深化。学生在教师的点拨指导下，在同学的纠错中补充、完善知识，习得学习方法，进一步体验知识的生成和创新过程。在这个过程中，教师要有目的地巡视各小组，有针对性地对学生进行方法和思路上的点拨，发现共性问题，并进行解决。学生组内讨论可能对相同问题形成不同见解，小组长负责组织组内交流并收集无法解决或形成分歧的问题、组内未解决的问题，然后可请其他小组帮助解决，也可在教师的指导下解决。具有普遍性的问题，教师可采用两种方式处理，一是教师参与组际交流，在与学生相互讨论、解决问题的过程中，指点迷津；二是分配任务，给每个小组一个小问题，各小组集体完成后，每个小组都当一次“小老师”，向全体同学讲解自己组解决的问题，教师要做好适时的有层次性的评价。对于难度较大的问题，教师要善于借用学生渴望释疑的心理，针对疑点，抓住要害，激励学生思考，帮助学生发现解决问题的思路和方法；或以问题为案例，由个别问题上升到一般规律，达到触类旁通的教学效果，使学生在教师的引导下归纳出新旧知识点之间的内在联系。在这个环节中，教师一定要自信，不断以自己的教学热情感染学生，启迪学生的智慧，激发学生不断探究的信心和欲望，达到师生情智的交流、交融，并依据课堂教学实际和教材的需求，适时进行“二度提问”，引领学生挖掘教材，深化学生的思维，让学到的知识在运用中得到巩固和发展。

（4）课堂检测。教师依据学习目标，精心设计不同层次的练习题，不仅让优秀学生有“跳起来摘苹果的感觉”，使所学知识得到巩固内化，也要让学困生学有所获，体验成功的喜悦。

（5）课堂小结。引导学生将所学的问题串起来，把知识梳理成线，并形成网络；同时，还可以对学生的学习过程、学习方法、小组讨论发言状况等进行小结。

（6）预习目标。出示预习目标，激趣导入，师生尝试对预习目标进行解读。要力求做到“目标知识化，知识问题化，问题层次化”，要有利于学生自主学习探究，具有可操作性。

(7) 指导尝试。教师指导，复习引入，旧知迁移，新知导航，为学生搭建好新旧知识生成的桥梁和纽带，找准新知生长点，为新知的学习做好铺垫。教师要做好引导、讲解，并因人而异提供指导，以鼓励学生大胆尝试、探究新知，收到较好的效果；让学生根据自己的经验和知识基础，用自己的方式自由与开放地去探索、去发现、去体验学习知识的过程。这一环节中教师该引导的要引导到位，该讲的要讲到位，特别是对于方法的引领，要给学生足够的自学、交流、讨论的时间，同时新知生成要给学生留白。

(8) 课后延伸。教师根据预习目标和学生尝试学习的情况，向学生布置课后预习任务和重难点预设思考，并向课外延伸，形成问题情境。学生带着未完成的预习任务自主学习，通过阅读教材、查阅资料分析理解问题。学生自己无法解决的问题先进行质疑，做好记录，也可请教他人或第二天带到课堂上解决。

4. 假设

课题研究与学生习惯养成、课堂教学效益方面的关系，在未得到实践结果前，我们这样假设：农村小学“两步八环节”高效课堂教学模式与学生学习习惯的养成、课堂教学效益呈正相关，即如果课题研究的组织实施具有实效性，学生会养成良好的学习习惯，能够提高课堂教学效益，师生能够获得发展；反之，如果课题研究流于形式，做表面文章，那就与学生学习习惯的养成、教学效益无关，师生得不到相应的发展。

从假设到理论是科学认识发展的必经之路。我校从提出构建“两步八环节”高效课堂教学模式以来，就有计划、有步骤地组织实施，使该教学模式研究具有科学性、可行性，便于教师操作，并力求通过课题研究促进农村孩子养成良好的学习习惯，提高课堂教学效益，使师生获得相应的发展。从课题理念提出到课题申报，镇中心学校和课题组教师一直努力着，希望课题研究让农村孩子享受先进教育思想、教学理念带来的好处，享受教育带来的快乐。从提出理念构想，宣传动员，问卷调查，课题申报，教学试点，跟踪、指导课堂，小专题研讨，提炼总结、形成方法，课堂再实践、再总结，成果分享，再到向全镇小学铺开，一路上，我们有过心酸，有过纠结，遭到过同行的质疑、冷眼、嘲讽，承受了来自社会各方面的压力。面对这一切，我们曾经彷徨过，甚至怀疑过自己的教学模式构建和教育教学思想理念。我们曾不止一次质问自己，创造适合农村孩子的教育，我们能做到吗？我们能像教育先进地区、发达地区一样，让我们的孩子享受教育带来的快乐吗？课题组教师和学校中青年骨干教师凭着对教育的热爱和执着，看着农村孩子渴求获取知识的双眸，教师的职业责任感驱使我们一次次直面困难，在挑战中探索，在研讨中不断进步。每一次看到学生的成长和教师观念的转变，我们都感到无比的欣慰和自豪，也更加坚定了我们的信念。

（二）研究背景和文献综述：理论基础和相关研究成果

1. 理论基础

当前，全国上下掀起了轰轰烈烈的课改浪潮，我们正经历着一场激烈的教育教学变革。教学改革前，我们听说了“洋思经验”“衡水中学”“杜郎口教学模式”“昌乐二中”。我们凭着对教育的执着和对课题研究的激情，怀揣梦想，带着希望上路。在杜郎口中学，我们看到了全国各地谋求积极变化发展的教师前来观摩学习，也看到了与我们想象中不一样的课堂。教室里、走廊上、楼梯间到处都是师生的优秀成果展、师生励志语；校园里处处是学校的宣传栏，校长、教师寄语，学校德育文化建设与花草相间，洋溢着快乐的文化气息。在河南殷都实验小学，我们看到了学校的文化底蕴在潜移默化中激励着每一位教师前行，团队的力量、集体的荣誉，全都融进了学校每一位教师的心中。所见所闻让我们思考着，我们好像明白了什么，又好像仅有一点点感觉而已。教育的神圣使命鞭策着我们不能落后，常有浑厚的声音在耳畔呐喊：课改，主动课改。

访学回来后，我校结合当地实情：山区留守儿童多，家长文化水平不高，文化教育气息不浓，学生行为习惯养成差，课前自主学习和课堂合作探究能力差等现象，遵循教育规律，从转变教师观念入手，从转变学生学习方式入手，提出了农村小学“两步八环节”高效课堂教学模式的构想。这一教学模式把课堂教学分为两个阶段，即探究学习阶段和预习引领阶段，前30分钟的时间为探究学习阶段，主要是引导学生进行新知自主学习、合作探究、质疑问难、纠错评价；后10分钟的时间为预习引领阶段，主要进行课前预习引领，从目标入手，进行旧知迁移，尝试练习，以课后思考引导学生预习。该教学模式要求学生的预习在课堂后10分钟完成，解决农村孩子预习老大难问题。预习时教师引领要循循善诱，做到引而不说、导而不讲，学生先自主预习，小组交流，教师巡视指导，帮扶预习有困难的学生，培养学生良好的自主学习习惯。

在开展模式导学过程中，教师要相信学生，相信学生的求知欲望，相信学生对新知的敏锐度，相信学生获得知识信息的渠道比我们多，相信一个人面对一个群体，群体的力量一定超过个体。教师从传统的课堂讲授中解放出来，在课堂上穿针引线，点拨、引导、启发学生，关注学生的兴趣爱好，关注学生的习惯养成，关注学生的情感变化，师生关系和谐了，课堂气氛活跃了，课堂教学效益就提高了。学生通过自主学习、合作探究，争相展示、汇报、纠错、评价，在参与中发现知识、在合作中创新知识、在交流中吸收知识、在对抗中质疑知识、在倾听中完善知识，促进了情智的交融和心智的发展。

2. 相关研究成果

通过课题研究，教师转变了观念，提升了内涵，并潜移默化地影响着课堂教学。学生小组建设成效显著，导学案编写初步成型，教师对教学经验进行总结，很多教师的文章在省市县评选中获奖并发表。我校课题组教师在《威信教育》上陆续发表了《利用“两步八环节”教学模式，实现农村小学“先学后教，当堂训练”的探索》《我校扎实有效推进高效课堂》《高效课堂中教师应做好的五个关键环节》《高效课堂必须做好的三个关键点》《引领学生预习，研究课堂效益》《导学案使用之“四结合”》《高效课堂，重在转变》《反思我们的小组建设》《教师如何引领学生进行探究性学习》《培养好学生合作思考、交流、倾听、表达的习惯》《“两步八环节”高效课堂教学模式之“学情展示”环节探究》《农村小学生自主学习能力的培养》《“两步八环节”课堂教学模式实践新声》等；发表了《农村小学“两步八环节”教学模式操作流程概述》《高效课堂案例分析》《“两步八环节”高效课堂教学案例——诚实与信任第二课时》；在省教育科学研究院组织的论文评选中，我校教师的《高效课堂教学评价方案》《你的课堂提问恰当吗?》两篇论文荣获三等奖；在昭通市教育局组织的论文评选活动中，我校参评论文《“两步八环节”教学模式操作流程概述》《倾心教改“两步八环节”——“同数连加解决问题”高效课堂教学设计》荣获一等奖；在中国教师发展基金会资助的全国教育科学“十二五”教育部规划课题“校本科研引领和促进基础教育质量提升的研究”中期成果评选中，我校参评论文《落实好高效课堂实施中小组建设》《教师内涵——默化着高效课堂导学》《课堂促进我成长》荣获一等奖，《〈狼和鹿〉第二课时教学设计》荣获二等奖。

同时，我校的课题研究成果获得了社会各界的好评和同行的赞许，赢得了上级领导的关心和专家的关注。昭通市市区不少学校到我校观摩课堂教学和听小专题讲座。2013 年 5 月，省市领导亲临学校视察课改工作。2013 年 12 月，全县中学组教学现场会、小学组教学现场会在水田镇中心学校召开。2014 年 3 月，著名教育专家冯恩洪到我校指导课改工作，听课后看到学生在课堂上的表现，他激动地说“孩子们，你们非常了不起，是敢于参与，乐于表达，活力四射的阳光少年，你们是祖国的骄傲。”同年 4 月，山东教育首席战略专家陈培瑞教授来我校了解课改，反馈会上，对我们取得的成绩高度赞赏，说：“你们创造了适合学生的教育，给学生生命以土壤。”同年 5 月，教育专家田汝华、李广春一行到我校观摩课堂教学，指导课堂改革，听课后他们兴奋地说：“我们那儿的课堂也是如此。”6 月 6 日，著名教育专家周满生、冯恩洪、田汝华、杜金山、万玉霞，中国关心下一代教育研究考察团和昭通市教育局领导一行到我校指导教学改革工作，并对我们取得的成绩给予充分肯定。冯恩洪教授说：“你们很了不起，没想到大山深处还有这样的课改，没想到大山深处的孩子能享受到这样良好的教育。”

(三) 研究对象、研究方法、实施步骤

1. 研究对象

农村小学“两步八环节”高效课堂教学模式研究的主要对象为，经济欠发达地区的山区农村的小学课堂教学与小学生。

2. 研究方法

(1) 文献查阅法。查阅文献资料，收集“先学后教，当堂训练”“目标教学”“赏识教学”等课堂教学理念，借鉴有利于“两步八环节”高效课堂教学模式构建与实施的有效经验、方法。

(2) 调查法。在学生方面，通过谈话法和发放问卷进行调查。在教师方面，通过召开座谈会与教师进行交流，及时掌握“两步八环节”高效课堂教学模式的优势和不足；分享经验和成果，调整、解决在教学中存在的问题，指导教师的课堂导学。

(3) 实践法。课题组教师在所教班级利用“两步八环节”高效课堂教学模式进行教学，点面结合，开展理论与实践相结合的研究。

(4) 比较法。通过操作比较，相互学习，取长补短，优化教学模式八环节；通过教学模式比较，吸纳其他先进教学模式的优秀方面，优化我校“两步八环节”高效课堂教学模式。

3. 实施步骤

本课题研究持续时间为两年，分四个阶段进行。

第一阶段：准备实施。查阅文献资料，组织宣传，问卷调查，召开动员大会，培训教师，成立课题研究领导组、课题研究实施组。

第二阶段：实施阶段。我校农村小学“两步八环节”高效课堂教学模式研究组成员，在所教班级开展教学，并根据教与学的情况进行定期反馈，然后课题组组织召开课题研究座谈会，交流心得，解困释疑，总结经验，以完善“两步八环节”高效课堂教学模式理论体系。理论和课堂实践相结合完成了“教师如何引领农村小学生进行课前自主预习”“农村小学生自主学习能力的培养”“教师如何进行学生的探究学习引领”“教师如何引导学生进行合作交流，使其学会倾听、学会表达”“‘两步八环节’高效

课堂教学必须做好的三个关键点”“农村小学‘两步八环节’教学模式流程概述”“如何抓好合作学习小组建设”“课题组教师的课堂教学设计”的研究和论文撰写。

第三阶段：总结阶段。开展农村小学“两步八环节”高效课堂教学模式校级、村级、镇级示范观摩课，进行教学研讨，指导课堂导学实践，博采众家之长，完善“两步八环节”课堂教学模式结构和论文材料，并将材料归档，结合课堂教学实践撰写《利用“两步八环节”高效课堂教学模式，实现农村小学“先学后教”的探索》一文，并刻录“教师课堂教学实录”影像资料；争取中国教师发展基金会全国教育科学“十二五”教育部规划课题“校本科研引领和促进教育质量提升的研究”总课题组的审批结题。

第四阶段：推广阶段。把农村小学“两步八环节”高效课堂教学模式在全镇小学推广，实现农村小学课堂教学轻负高效，让农村孩子享受教育带来的快乐。

（四）研究发现和结果

课堂大舞台，人人展风采。通过研究发现，我们的学生是那么有朝气，那么有灵气，课堂是那么有活力。每一位教师都用发展的眼光去欣赏学生，挖掘学生潜能，放大学生优点。同学间团结协作，相互尊重和欣赏，增进了集体荣誉感。学校各班级建起了图书角，打造了班级文化长廊，包括优秀作业展、书画展、手工制作展、教师书画或手工展，感恩树，学生自己的梦想专栏，班级口号、励志语言、习惯培养目标、安全守则、班级评价等内容；小组组织文化墙，各小组有自己的组名、组训、口号、小组公约等。学习气氛浓厚了，学生互助互学，在课堂上竞相展示汇报，或议、或评，或站、或坐……，活而不乱。

在课堂上，我们经常听到学生很有见地的发言和完整的表述；学生补充、纠错、评价，其中透露着相互的尊重与欣赏。学生的倾听能力、表达能力、组织交往能力、协调能力得到了极大的提升，学生也增强了小组团队意识、竞争意识，提高了班级凝聚力。教师在课堂上不再声嘶力竭，不再愤怒地指手画脚。一举手，一投足，一个会意的眼神；一句发自内心的夸奖；一次心与心的交流；师生表情达意是那么自然、默契，关系融洽了，和谐了。教师在课堂上穿针引线，成了课堂学习的组织者，引导、点拨、启发、启迪着学生的智慧。大课间活动，学生欢乐嬉戏，尽情展示自己的才能，凸显特长，张扬个性；教师三五成群，面露微笑交流着，谈班级建设、教学感悟、学生表现，或沉思着，反思本节课教学的得与失……。全镇各小学将农村小学“两步八环节”高效课堂教学模式全面推广，开展课堂导学，点面结合，提高了课堂教学效果。

（五）分析和讨论

为了更有效地践行高效课堂新理念，探索与实施新方法，镇中心学校每隔一段时间都要组织学校领导、学科带头人、骨干教师、中青年教师开展交流研讨会，研讨本段时间内通过听课发现的问题，教师教学的收获或存在的疑惑，达到资源共享、疑难共商的目的。在研讨会上，我们研究目前大家感到困惑的问题、最成功的教学案例、最有效的教学经验或方法、最需解决的困难、导学案编写建议和方向、导学案使用点滴、小组建设意见等。教师们畅所欲言，会议研讨朝着积极健康的方向进行着。在研讨会上，我们细化研究工作，确定导学案编写思路，设计导学案编写模式，推广应用共享的经验方法，明确每个学校的侧重研究工作和结对帮扶学校。比如，龙洞小学和河坝小学就结对侧重研究预习引领环节，加强对预习引领环节的研究、实施、总结和再实践，并在交流会上与兄弟学校分享研究成果，推广应用。镇中心学校在条件成熟的时候还选派教师外出学习，开阔视野，提升内涵，并请他们回来后开展校级汇报交流活动，让先进的教育思想深入每一位教师的心中；每学期组织中青年教师运用农村小学“两步八环节”高效课堂教学模式进行课堂教学竞赛，以赛促教，以赛促研，提高学校中青年教师驾驭课堂的能力；每学期开展家长进课堂开放周活动，让家长进课堂看孩子表现，看课堂气氛，看课改成果，让家长参与学校管理，建言献策，支持、理解学校工作，领会教学改革的必要性和紧迫性。我们创造研究条件，营造研究氛围，以制度为保障，以学科为引领，想办法解决教学改革路上遇到的一切困难，变阻力为动力，边做边学，边做边总结。

（六）结论

分析研讨活动和外出观摩学习让我们的教师在一次次活动中进步、成长，让我们的教学模式在一次次活动中完善，让我们的学生在一次次活动后表现得更加精彩，让我们的课堂在一次次活动后更加和谐、灵动。学校以“以生为本，着眼学生未来发展，办人民满意的教育”为办学理念，实现了“班级教学有特点，学校办学有特色”的办学风格，达到了教学相长、轻负高效的目的。课堂上，学生大胆表现、自信展示，纠错、评价规范，言之有理，言之有序，言之有度。学生的表达能力、倾听能力、纠错评价能力、组织能力、交往能力获得大幅度提高，适应社会发展的能力得到了培养和锻炼，课堂观摩中教师会情不自禁地为学生的精彩表现鼓掌、喝彩。教师在课堂上不再声嘶力竭，不再讲得脸红筋涨，口沫横飞，而是观看学生各抒己见，在各小组间巡视，监督、帮扶、点拨、引导，将课堂主动权完全交给了学生，真正做到了“变教为导，变学为思”，以生为本，相信学生，释放学生潜能，发展学生。

（七）反思

对课题研究的反思包括两个方面：一是针对已有研究的缺陷，提出需要重视或改进的事项；二是根据研究结论获得的启示。

目前，在研究过程中，课题组在宏观方面，如教学模式流程概述、小组建设、课堂评价、导学案编写做了很多工作，并总结了很多经验，具有很强的指导意义，值得参考借鉴。但在中观和微观方面做得还不够，还要进行深层次研究。中观研究方面要体现学科特点，如语文要上出语文的学科特点，各学科怎么上要有具体的指导性思路，便于操作；微观方面要体现课型，如数学复习课怎么上，语文古诗怎么上，寓言故事怎么上，数学概念性知识怎么上，数学空间与图形方面怎么上等。因此，我们还需加强学习，分层研究，细化模式操作管理，提升研究高度，丰富研究的理论成果，完善研究的可行性方案。

纵观我们的教学生涯，以前太注重自己的感受了，根本没有顾及学生的心理感受，以为只要自己讲了，讲清楚了，学生就会明白；以为讲了不会，再讲，学生就能体会、懂得；把学生当容器，硬把知识往里塞，根本没有关注学生的心理感受，学生需要什么，学生爱好什么，学生喜欢什么样的学习方式等，教师从来没有留心过。时间长了，对于还是不会、不懂的学生，教师就把他当笨蛋、傻瓜对待，歧视学生、变相体罚学生，一个个幼小的心灵就在不经意间被伤害了，一棵棵茁壮成长的幼苗因为不留心就被踩踏了。这是谁之过？师之过。我们的学生是活生生的、灵动的、有朝气的、有差异的。面对鲜活的个体，教学不能整齐划一，我们要采用不同的学习方式，让学生在宽松的环境里体验学习过程带来的快乐。小组合作学习中的对学、群学突破了学生独学时存在的思维局限，有效落实了“先学后教，当堂训练”的教学思想，课堂预习引领解决了农村孩子自主预习的老大难问题。面向全体学生，促进学生全面发展，注重差异教学，彰显个性特长，让不同学生获得不同的发展，我们在积极努力地创造适合学生的教育，也让我们的学生享受了教育带来的快乐。

参考文献

[1] 教育部师范教育司．邱学华与尝试教育人生［M］．北京：北京师范大学出版社，2006.

[2] 谢金国．有效课堂——杜郎口自主学习模式解读［Z］．杜郎口体验式课堂教学七日研修班培训专用教材．

[3] 吴正宪．吴正宪创造了孩子们喜欢的数学课堂［M］．北京：国际文化出版公司，2003.

[4] 冯恩洪．创造适合学生的教育［M］．天津：天津教育出版社，2011.

附　录

在课题研究过程中，感谢教育部中国教师发展基金会全国教育科学“十二五”教育部规划课题“校本科研引领和促进基础教育质量提升的研究”总课题组，对我们课题研究寄予的厚望和在课题研究过程中的指导。

感谢中国教师发展基金会在百忙之中为我校课题研究参评论文作评选（参评的五篇论文有三篇获一等奖，一篇获二等奖），并精心指导。中国教师发展基金会和总课题组的厚望、关心、指导，让我们受益匪浅，是你们的先进教育思想和教育理念引导着我们课题研究组成员有序开展课题研究。感谢课题组成员和学校全体教师致力于学校课题研究的专业、执着的精神，有你们的参与，我们的课题研究和教学改革才得以顺利进行，取得成效。感谢学校全体学生在课题研究过程中对问卷调查做出的中肯回答，为我们开展下一步课题研究明确了方向和思路。感谢在学校开展家长进课堂活动后，家长们善意的提醒和欣慰的笑容，你们是我们开展课题研究、进行课堂改革的坚强后盾。我们坚信，有了课题组的厚爱、领导的关心、专家的指导、教师的积极参与、学生的乐观表现、家长的支持理解，我们的课题研究一定能够顺利通过总课题组的审批结题，研究成果一定能得到全面推广，遍地开花。

后　记

我校地处边远贫困山区，从2010年3月起，对传统课堂教学模式进行改革，实施了“两步八环节”教学模式，旨在实现“着眼学生未来发展，办人民满意学校”的目标，并力求教师在课堂上成为策划者、组织者、合作者、点拨者，让学生通过自主学习、合作探究，自主展示、自主练习，达到学习目标。课堂上，教师鼓励学生生疑、质疑、析疑、解疑，使学生敢想、敢问、敢讲、敢评、敢讨论，让学生经过合作交流、讨论、辩论，产生思维的火花，感受知识创新的快感，激发起他们主动参与、表现表达等欲望，较好地实现了“三维”目标。真正让课堂成为学生心情愉悦的生命成长乐园，成为提升师生生命质量的舞台，成为落实素质教育的场域。

在5年的实践中，我校教师在模式构建、模式运用、学案导学等方面积累了很多的经验，为达到资源共享、共同进步之目的，学校将教师的部分文章、导学案编写成此书，以和读者共同探讨。

在此，我代表学校向关心、支持我校课改的各级领导和社会各界，向对我校课改予以指导的国家关工委教育专家委员会会长冯恩洪等专家、各级教研教改部门的同志表示衷心感谢。同时，还要感谢为学校课改工作付出辛勤劳动的各位教师。

最后，还应说明，由于我们对课改研究、实施的深度还不够，对“两步八环节”教学模式的实践与思考还有局限性，还需要在今后的课堂实践中不断完善。

查联智

2015年5月

江苏凤凰教育出版社
《行知工程》系列丛书目录

系列	序号	书　　名	主编	定价
创新教学探索系列	1	《打造有生命力的课堂 ——“两步八环节”教学模式探索与实践》	查联智	30.00
	2	《最能培养学生探究能力的课堂 ——小学科学与信息技术单元整体课程实施与评价》	李怀源	30.00
	3	《最能激发学生运动天赋的课堂 ——小学体育单元整体课程实施与评价》	李怀源	30.00
	4	《最能提升学生艺术素养的课堂 ——小学艺术单元整体课程实施与评价》	李怀源	30.00
	5	《“生命语文”探索——焕发语文生命力的思考与实践》	王自成	30.00
	6	《粘连作文教学：让习作成为有个性的自我建构》	黄瑞夷	30.00
	7	《备学式教学——在体验中建构数学思维》	单广红　范雪梅	30.00
	8	《向着自主进发——自主教育的创新实施智慧》	朱亚红	30.00
	9	《写中学——让学习更有效的学科写作教学》	钟传祎	30.00
	10	《小学科学实验总动员 ——大科学课堂有效提升学生创新力》	江美华	30.00
	11	《小学语文单元整体课程实施与评价》	李怀源	30.00
	12	《小学英语单元整体课程实施与评价》	李怀源	30.00
	13	《小学数学单元整体课程实施与评价》	李怀源	30.00
鲁派名师·教育探索者系列	14	《悦读立人——校园阅读文化体系构建策略》	杨世臣	30.00
	15	《教育智慧何处来——一位特级教师的思考手记》	付立金	30.00
	16	《和雅文化——校本课程的创新构建》	汤善香	30.00
	17	《让个性绽放精彩——学校课程体系整合与创生》	谢建伟　徐淑萍	30.00
	18	《让每个学生都幸福——最能润泽生命的学校文化建设》	谢建伟　张新喜	30.00
班级文化系列	19	《做幸福的班主任》	吕　丽	26.00
校园生态化系列	20	《点燃学习的激情——构建校园生态化学习型组织》	杨树岳	30.00
	21	《课改突围——构建学校生态化教学体系》	杨树岳	30.00

系列	序号	书　　名	主编	定价
行思讲坛系列	22	《灵动而朴素地教语文——潘文彬的微格教育生活》	潘文彬	30.00
	23	《师爱无疆——润泽学生心灵的教育故事》	侯忠彦	30.00
	24	《怎样反思更有效——促进教师专业发展的反思策略》	诸贝贝	30.00
	25	《成为高度自觉的教育者——写给后课标时代的数学教师》	许卫兵	30.00
	26	《哲思数学课》	刘全祥	30.00
	27	《把学生教聪明》	严育洪	30.00
	28	《教师最应该规避的教育误区》	杨坤道	30.00
	29	《用语文的方式教语文——潘文彬教学主张与实践智慧》	潘文彬	30.00
	30	《怎样让阅读教学更有效——提升教学能力的十种读诵模式》	汪秀梅	28.00
	31	《让生命在润泽中起舞——当代小学生最需要的主题班会》	吴联星　罗　琳　冯卫东	30.00
	32	《让生命欢快拔节——当代中学生最需要的主题班会》	冯卫东　吴联星	30.00
	33	《课堂因生成而精彩——高效教学的生成智慧》	张文质	30.00
	34	《回到每一个人的生命化教育——张文质二甲中学教育行动录》	张文质	30.00
	35	《智慧数学课——黄爱华教学思维的实践策略》	黄爱华	30.00
信息化教学系列	36	《巧用白板教语文——信息技术与语文教学操作指南》	蒋丽清	30.00
	37	《跨越式实现高效课堂——信息技术与课程整合高效教学方案评析》	陈　玲　刘　禹	30.00
教育新思考系列	38	《语文教育向何处去》	王　丛	26.00
	39	《教育，就是做好普通的事》	孙志毅	27.00
	40	《走出语文的偏见——让学生体悟文本的原义》	丛智芳	30.00
	41	《让语文教学更高效——批注式阅读教学探索》	韩中凌	30.00
	42	《读写互促——探寻学以致用的语文教学》	曹　龙	30.00
	43	《跳出数学教数学——用文化融通数学教学》	马建秀	27.00
教师必读系列	44	《教师必学的16堂修养课》	武宏伟	30.00
	45	《教师不可不知的教学心理效应》	叶勇军	30.00
	46	《班主任不可不知的管理效应》	奚一琴	30.00
	47	《教师不可不知的教育心理效应》	孙　媛	30.00
	48	《校长不可不知的管理效应》	谢申刚　张金豹	30.00
	49	《成为好教师的7项修炼》	王福强　李维华	30.00
	50	《如何让学生会学习》	龙　冰	30.00
	51	《如何让学生爱学习》	周震宇　许小燕	30.00

系列	序号	书名	主编	定价
名师感悟系列	52	《让心灵伴着歌声成长——22位音乐名师的教育智慧》	陈　璞	30.00
	53	《超越自我的教师——32位名师的成长感悟》	李卫东　李秀伟	35.00
	54	《心灵的守护者——19位名班主任的教育智慧》	王晓松　曲文弘	30.00
	55	《名师感悟班主任有效工作艺术90例》	符礼科	30.00
	56	《名师感悟有效教学90例》	林高明　徐玉烟	30.00
教育家核心思想系列	57	《多元智能理论的本土化应用》	刘治富	30.00
	58	《大教育家最具施教力的教学思想》	白刚勋	30.00
教育管理力系列	59	《“走”出教育的精彩：走动式学校管理文化构建》	罗　军	30.00
	60	《校长兵法：学校管理四十六计》	皮大鹏	30.00
核心教学主张系列	61	《新生代语文名师核心教学主张》	许友兰	30.00
学生心理解码系列	62	《孩子问题行为一点通 ——只有好老师才知道的学生心理谜底》	严育洪	30.00
高效能教学系列	63	《让作文落地生根——提高写作实效的教学策略》	黄桂林	30.00
	64	《高效能作文教学5项修炼》	陈步华	30.00
	65	《高效能校长的10个好习惯》	张　勤	30.00
	66	《高效能教师的10个好习惯》	谢　英	30.00
	67	《高效能语文教学5项修炼》	王其华	30.00
教育求索系列	68	《思政教学的人文力量》	戴晓华	30.00
	69	《师道新说——给教育者的30条箴言》	徐　卫	30.00
中国教育变革之路丛书	70	《百年树人师何为——教师队伍建设困顿与出路》	将丽珠　李玉向	30.00
	71	《入园何时不再难——学前教育困惑与抉择》	曾晓东 范　昕　周　慧	30.00
	72	《三尺书桌何处寻——流动人口子女教育困难与破解》	范先佐	30.00
	73	《苦旅何以得纾解——高考改革困境与突破》	郑若玲	30.00
	74	《择校纠结何时了——择校问题困局与治理》	曾晓东　周文海 曾娅琴	30.00
创新教学思想系列	75	《“大问题”教学的形与神》	黄爱华　张文质	30.00

系列	序号	书　　名	主编	定价
校长领导力系列	76	《高品质学校生长要素》	王益民	30.00
	77	《校长高校教学领导力提升策略》	徐世贵　郭文胬	30.00
教育漫笔系列	78	《课堂，诗意地栖居》	吴书华	30.00
新思维系列	79	《教育中的“不一定”——打破教育的19种思维惯式》	严育洪	30.00
教学全手册系列	80	《小学习作教学全手册》	郭家海	30.00
	81	《中学写作教学全手册》	郭家海	30.00
	82	《情境教学操作全手册》	冯卫东	35.00
	83	《合作教学操作全手册》	李春华	35.00
	84	《探究教学操作全手册》	周新桂	35.00
	85	《自主教学操作全手册》	诸葛彪	35.00
	86	《创新教学操作全手册》	王　玮	35.00
	87	《班主任工作全手册》	刘沛华	35.00
	88	《新教师工作全手册》	周震宇	35.00
	89	《学生心理健康教育全手册》	刘海莉　刘春杰	35.00
	90	《高效教学操作全手册》	马友平	35.00
校本研修系列	91	《特色校本课程开发范例解读》	刘永平　李秀伟 张雪梅	30.00
	92	《高效校本研修模型构建艺术》	刘素雁	30.00
	93	《走向实践的教研——中小学教育科研引领与应用》	江　敏	30.00
教学提升系列	94	《有思想地教阅读——让学生学会品读文字真意》	王学东	30.00
教育艺术提升系列	95	《藏在师生体态语言里的教学智慧》	张　宇　廖生波	30.00
幼师成长系列	96	《幼儿行为背后——教师如何读懂幼儿的心思》	吴亚英	30.00
	97	《最具教育力的22种幼儿教育思想》	杨　达	30.00
	98	《幼儿教师必知的安全应急措施》	杨　达	30.00
	99	《幼儿教师必备的教育技能》	李　玲	30.00
	100	《卓越园长21条幼儿园管理策略》	周　丹　江东秋	30.00

系列	序号	书　　　名	主编	定价
创新人才培养系列	101	《创新人才培养校园科普精品课程开发与指导 ——人大附中创新人才培养》	罗　滨	30.00
	102	《创新人才培养特色校本课程开发与创新人才培养 ——清华附中“国际安全下的科学技术”课程构建与实施》	王殿军　方　研 赵宏雁	30.00
	103	《创新人才培养：学校实验室建设与管理》	刘克文 杨发丽　杨　平	30.00
	104	《创新人才培养：数学探究活动开发与指导》	马云朋　韩继伟	30.00
	105	《创新人才培养：化学研究活动开发与指导》	王　磊	30.00
	106	《创新人才培养：物理探究活动开发与指导》	廖伯琴	30.00
	107	《创新人才培养：地理探究活动开发与指导》	张建珍　陈　澄	30.00
	108	《创新人才培养：生物探究活动开发与指导》	张迎春	30.00
	109	《创新人才培养：理念探索与思维突破》	王晶莹	30.00
教育思想者系列	110	《教育，一切从孩子出发》	黄　俭	30.00
新生代通派名师系列	111	《简约数学教学》	许卫兵	30.00
	112	《语文教学的本真——情意课堂展现母语之美》	吴建英	30.00
	113	《语文课堂的理想追求——欢快达成三维目标》	董一红	30.00
	114	《阅读教学的真髓——意象构建读出文学的真美》	祝　禧	30.00
	115	《美术教育的真谛——审美人生教育让生命绚丽成长》	陈铁梅	30.00
	116	《语文教学的理想境界——无痕教学润泽生命》	李　凤	30.00
	117	《儿童作文的本义——嬉乐作文让儿童乐并成长着》	王笑梅	30.00
	118	《名师是怎样炼成的》	王建明　王笑君	35.00